ANDREA KLEIN

HOME-DEKO *nähen*

Elegant, gemütlich, stilvoll:
Nähideen für jeden Raum

CV

Früher lag mein Fokus darauf, mir und meinen Liebsten etwas Hübsches zum Anziehen zu nähen. Mit der Zeit weitete sich die Leidenschaft, etwas selbst zu schaffen, auf schöne Deko & Nützliches für unser Zuhause aus. Mit diesem Buch lade ich dich ein, meine Entwürfe kennenzulernen und dich für das Nähen von Home-Deko zu begeistern. Denn ein Nest zu bauen, es liebevoll und individuell einzurichten und als Krönung noch mit selbstdesignten und -genähten Lieblingsstücken auszuschmücken, macht so viel Spaß!!

Der tagtägliche Blick auf etwas Selbstgenähtes beglückt und Unikate verlieren nie ihre Besonderheit. Diese zu verschenken und anderen damit eine Freude zu bereiten, ist wundervoll, und die positiven Reaktionen der Beschenkten sind die Mühe wert. Sicher wird dir die Frage gestellt „Wo hast du das denn her?" und du antwortest dann stolz „Habe ich selbst genäht"! Durch die individuelle Stoffauswahl verleihst du jedem Modell eine ganz persönliche Note – deiner Kreativität sind keine Grenzen gesetzt. Das Buch ist für jedes Talent, ob Anfänger*innen oder Fortgeschrittene, geeignet. Detailfotos zeigen dir ganz genau, wie genäht wird.

In jedem Kapitel betreten wir gemeinsam einen anderen Raum. Ob für Wohn-, Schlaf- oder Kinderzimmer, Küche oder Bad, meine Modelle verbinden immer das Schöne mit dem Nützlichen und Praktischen, oder Gemütlichkeit und Komfort mit einem coolen Style.
Ich wünsche dir ganz viel Freude und auch ein wenig Geduld beim Nachnähen meiner Lieblingsstücke! Ich freue mich, wenn ich dich inspirieren und meine Passion mit dir teilen kann.

ZUR AUTORIN

Andrea Kleins Interesse, schöne Dinge zu gestalten, begann bereits vor ihrer Ausbildung zur Schneiderin. Das anschließende Studium schloss sie als Ingenieurin für Bekleidungstechnik ab. Danach war sie viele Jahre bei Escada verantwortlich für die Beschaffung und Entwicklung von Stoffen. Heute ist sie freiberuflich tätig und gibt leidenschaftlich Nähkurse.

INHALT

KÜCHE

WOHNZIMMER

BADEZIMMER

KINDERZIMMER

SCHLAFZIMMER

KÜCHE

NICHT NUR NÜTZLICH, SONDERN AUCH SCHÖN!
ES GIBT VIELE IDEEN, DIE DAS KOCHEN, BACKEN UND SERVIEREN EINFACHER MACHEN – HIER FINDEST DU NÜTZLICHE HELFER, DIE DAZU AUCH NOCH FANTASTISCH AUSSEHEN!

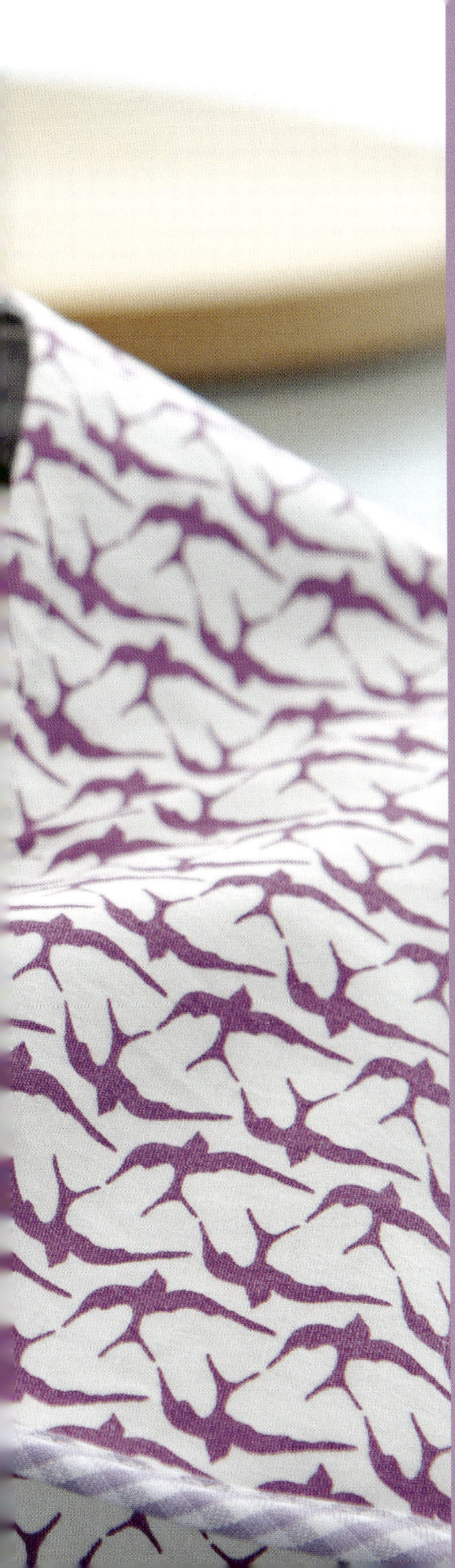

| KAJA |

KUCHEN-TASCHE

BIST DU DIE BACKFEE, DIE GERN ZUR KAFFEETAFEL BEITRÄGT? MIT DER TASCHE IST DER TRANSPORT DEINER KÖSTLICHEN KUCHEN GESICHERT UND DIE PRÄSENTATION SPEKTAKULÄR!

Größe: für eine Springform mit max. 28 cm Ø
Schwierigkeitsgrad: ✂ ✂

MATERIAL:

- Baumwollstoff für außen, 100 x 50 cm
- Abwaschbares Wachstuch für innen, 75 x 40 cm
- Aufbügelbare Einlage (z. B. Vlieseline® H 200), 44 x 10 cm
- Vorgefalztes Schrägband, fertige Breite 1 cm, 130 cm
- Festes Papier oder dünne Pappe, 11 x 11 cm
- Farblich passendes Nähgarn

SCHABLONE: Bogen A | KAJA

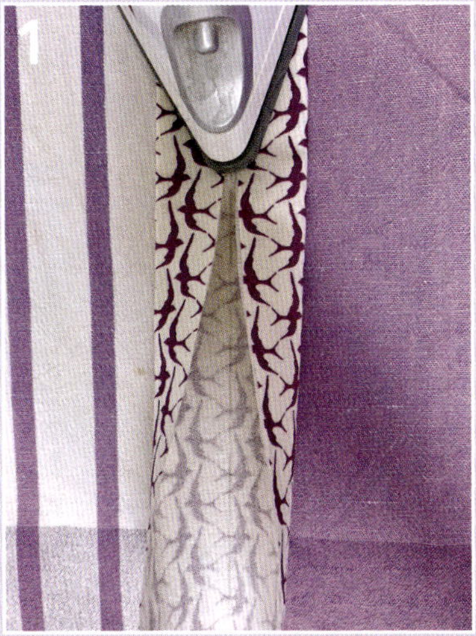

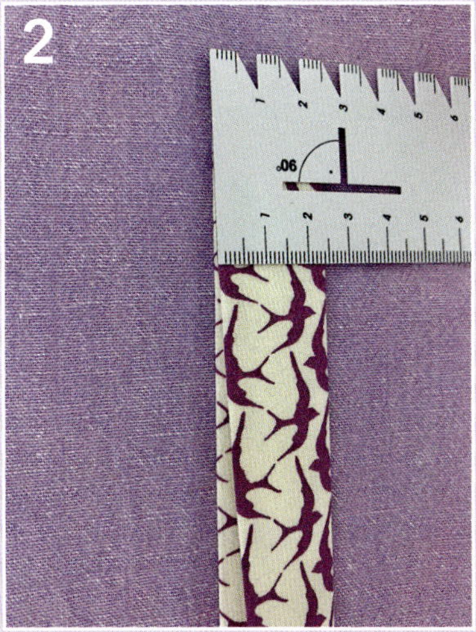

ZUSCHNEIDEN:

Die Schablone für die Rundungen dem Vorlagebogen entnehmen und aus Papier oder Pappe anfertigen. Alle Teile nach den angegebenen Maßen zuschneiden (alle Maße enthalten 1 cm Nahtzugabe).

Baumwollstoff für außen
1x Oberstoff, 70 x 38 cm
1x Henkel, 44 x 10 cm

Wachstuch für innen
1x Innenstoff, 70 x 38 cm

Einlage
1x Henkel, 44 x 10 cm

UND SO WIRD'S GEMACHT:

1. Die Einlage auf die linke Seite des Henkelstreifens bügeln. Der Länge nach die Mittellinie einzeichnen, beide Längskanten an diese Linie falten und umbügeln.

2. Beide umgebügelten Kanten aufeinanderlegen, Kante auf Kante bügeln (Streifen ist jetzt 44 x 2,5 cm) und knappkantig absteppen. Den zusammengenähten Streifen in der Mitte teilen.

3. Die Henkel jeweils an die schmalen Kanten der rechten Seite des Oberstoffes stecken (Abstand je 12 cm bis zum Ende der Kante). Dabei liegen die offenen Kanten aufeinander.

4

5

6

7

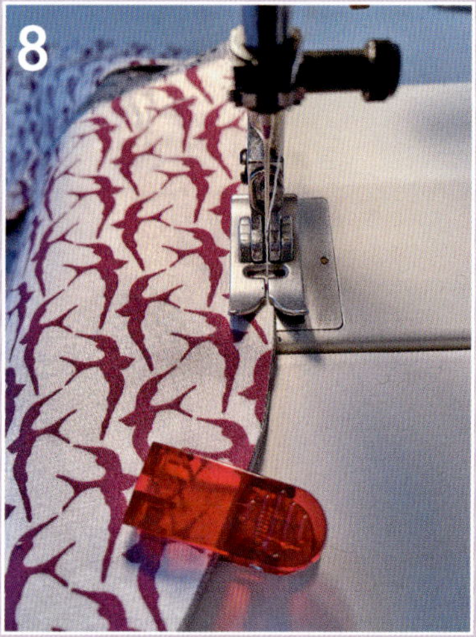
8

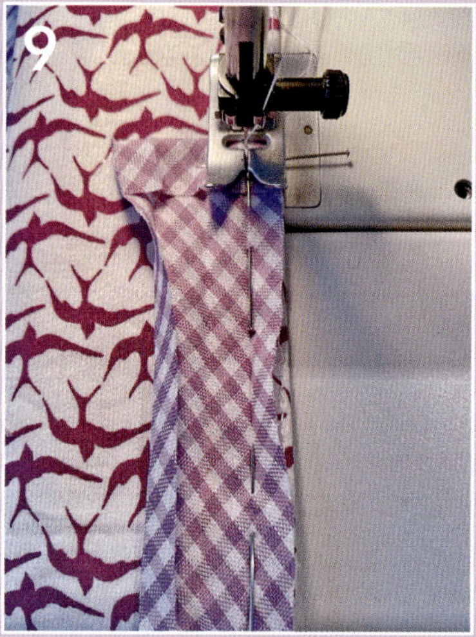
9

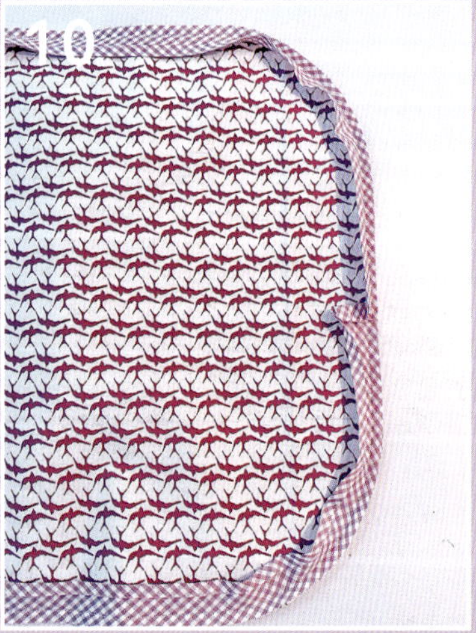
10

11

4. Den Innenstoff rechts auf rechts auf den Oberstoff legen und an den schmalen Kanten mit 1 cm Nahtzugabe steppen, die Henkel dabei jeweils mitfassen.

5. Die Nahtzugaben auseinanderbügeln, den Schlauch wenden, dann die Kanten im Nahtbruch flach bügeln und füßchenbreit absteppen (wenn das Wachstuch „bremst", einen Streifen Seidenpapier auf die Nählinie legen, mit einnähen und später wieder entfernen).

6. Nun das Rechteck aufklappen und auf dem Innenstoff die Längsmitte markieren. Die linke und rechte Kante mit Henkel bis jeweils 2 cm vor die Mittellinie nach innen falten (Innenstoff liegt innen), die offenen Kanten stecken oder mit Klammern fixieren.

7. Für eine schöne Rundung 11 cm von allen Ecken entfernt Nadeln stecken. Die Schablone für die Rundung anlegen (oder die Rundung natürlich auch gerne frei einzeichnen), die neuen Linien markieren und daran entlang abschneiden.

8. Damit sich die Stofflagen später bei der Einfassung mit Schrägband nicht verschieben, rundherum alle Kanten knapp zusammensteppen.

9. Nun die Kanten mit dem Schrägband einfassen. Wer darin schon geübt ist, kann den Schrägstreifen zur Hälfte bügeln, um die Kante legen, feststecken und rundherum annähen. Das leicht dehnbare Schrägband lässt sich dabei schön in die Rundung legen.

   Wer es sich noch nicht zutraut, beide Schrägbandkanten in einem Arbeitsschritt im gleichen Abstand festzunähen, wendet die etwas zeitaufwendigere Methode an: das Schrägband aufklappen und die rechte Seite auf die Rückseite der Tasche Kante auf Kante stecken (den Anfang des Schrägbandes dabei 1 cm nach links einschlagen). Genau im Falzbruch das Schrägband annähen.

10. Am Anfang wieder angekommen, das Schrägbandende 1 cm weit über den Anfang legen (ggf. auf diese Länge kürzen).

11. Zum Schluss das Schrägband eingefaltet auf die andere Stoffseite umlegen, die Nählinie knapp bedeckend feststecken und knappkantig aufnähen.

INFO

Innen wird die Kuchentasche mit Wachstuch ausgekleidet. Daher kannst du sie problemlos auswischen.

| MAXIM |

UNTER-SETZER

HEISSE TÖPFE ABSTELLEN KANNST DU AB JETZT AUCH STYLISH: AUS GRAUEM WOLLFILZ IN WEBOPTIK SIEHT DER PRAKTISCHE HITZE-SCHUTZ EDEL UND ELEGANT AUS.

Größe: 36 x 36 cm
Schwierigkeitsgrad: ✂

MATERIAL:

- Filz, 2 mm stark, 75 x 40 cm
- Teppichmesser
- Schneiderkreide
- Großes Geodreieck
- Farblich passendes Nähgarn

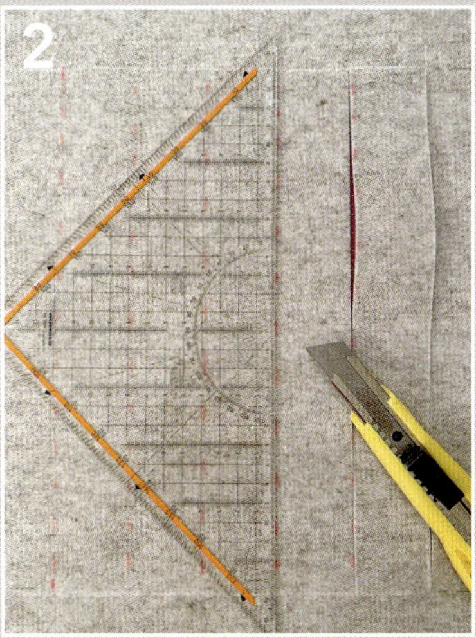

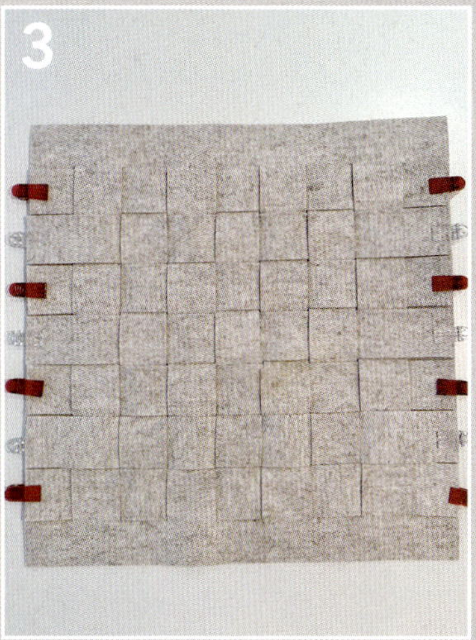

ZUSCHNEIDEN:

Alle Teile nach den angegebenen Maßen zuschneiden.

Filz
1x Filzplatte, 36 x 36 cm
7x Streifen, 36 x 3,8 cm

UND SO WIRD'S GEMACHT:

1. Für den Rahmen auf der Filzplatte ein Quadrat einzeichnen, das zu allen vier Kanten 4 cm Abstand hat. In das eingezeichnete Quadrat im Abstand von 4 cm sechs parallele Linien zeichnen.

2. Die acht senkrechten Linien (sechs eingezeichnete plus zwei Randlinien) mit einem Teppichmesser einschneiden. Dabei ein Geodreieck an die Linien legen und das Messer daran entlanglaufen lassen (die 4 cm oben und unten – den Rahmen – aussparen!).

3. Das Quadrat mit der linken Seite nach oben drehen und nun die Filzstreifen quer zu den Schnitten einweben. Dafür so beginnen, dass der 1. Filzstreifen über dem Rahmen liegt, dann unter dem 1. Längsstreifen hindurch geschoben wird und anschließend über den 2. Längsstreifen geführt wird. Danach immer im Wechsel so weiter, bis zum Ende einarbeiten. Um am Ende auf der rechten Seite des Untersetzers einen durchgehenden Rahmen um das Geflecht zu erhalten, beginnen und enden auch die nachfolgenden Streifen auf der linken Seite des Untersetzers immer über dem Rahmen. Jeden Streifen jedoch versetzt zu dem vorhergehenden einweben. Damit ein gleichmäßiges Bild entsteht und alle Streifen genug Platz haben, müssen sie möglichst eng aneinanderliegen. Die Enden der Streifen mit Klammern fixieren.

4. Jetzt das Quadrat wenden und an der Außenkante mit einem Abstand von 0,5 cm von der Kante entfernt rundherum absteppen – Streifen liegen darunter. Dann die Innenkante des Rahmens knappkantig absteppen.

5. Zum Schluss den Untersetzer bügeln.

INFO

Am besten eignet sich für einen Untersetzer Filz aus 100% Wolle, da dieser hitzebeständig ist.

TIPP

Das Prinzip, nach dem die Weboptik des Untersetzers entsteht, lässt sich prima auch auf Sets übertragen.

| TILDA |

SPÜLI-SCHÜRZ-CHEN

SPÜLIFLASCHEN MÜSSEN NICHT IMMER NUR PRAKTISCH SEIN, ETWAS SCHICK KANN NIE SCHADEN!

Größe: 13 cm breit, 16 cm hoch (ohne Bindebänder)
Schwierigkeitsgrad: ✂ ✂

MATERIAL:

- Baumwollstoff für Vorderseite, 15 x 20 cm
- Baumwollstoff für Rückseite, 15 x 20 cm
- Hochbauschiges Volumenvlies (z. B. Vlieseline® 280), 15 x 20 cm
- Vorgefalztes Baumwoll-Schrägband, 1 cm fertige Breite, 105 cm
- Farblich passendes Nähgarn

SCHNITTTEIL: Bogen A | TILDA

ZUSCHNEIDEN:

Das Schnittteil enthält 1 cm Nahtzugabe.
Wichtig: die Baumwollstoffe und das Schrägband mit Dampf abbügeln, um unterschiedliches Einlaufen nach dem Vernähen zu vermeiden.

Baumwollstoff für Vorderseite
Baumwollstoff für Rückseite
Volumenvlies
je 1x Vorder-/Rückseite im Stoffbruch

UND SO WIRD'S GEMACHT:

1. Das Volumenvlies zwischen beide Schürzenteile legen, rechte Stoffseiten sind jeweils außen. Die Lagen mit Nadeln feststecken oder klammern. Das Schrägband in 6 cm, 26 cm und 70 cm lange Stücke schneiden.

2. Das 6 cm lange Schrägband eingefaltet bis zum Mittelfalz um die obere Kante der drei Stoffteile stülpen und knappkantig annähen. Darauf achten, dass sich die Naht auf beiden Seiten in gleichem Abstand zu den Falzkanten befindet.

3

4
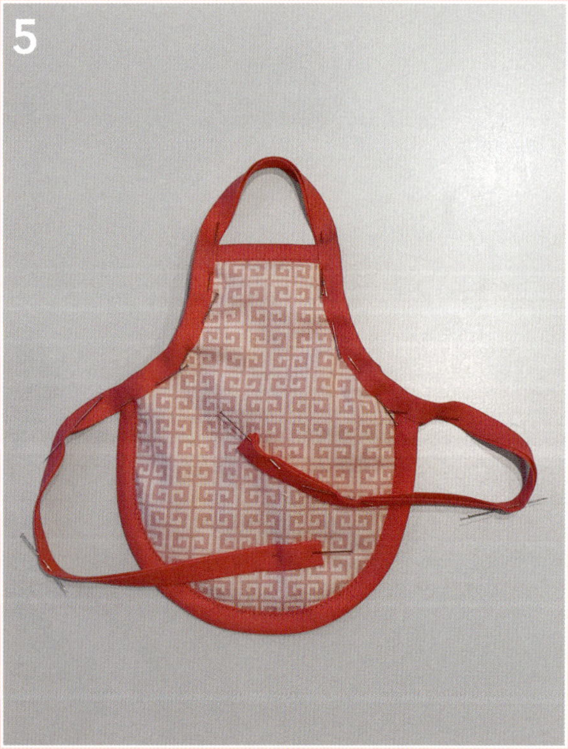
5

6

TIPP

Das Schürzchen ist beidseitig nutzbar – zwei Looks in einem für deine Spüliflasche, da du Vorder- und Rückseite mit unterschiedlichen Stoffen nähst.

3. Das 26 cm lange Schrägband um die untere Rundung der Schürze stecken – durch seinen schrägen Fadenlauf ist es leicht dehnbar und lässt sich gut an die Rundung anpassen – …

4 … und ebenfalls knappkantig aufnähen.

5. Die beiden offenen, schmalen Enden des 70 cm langen Schrägbandes 1 cm umlegen und feststecken. Nun für das erste Bindeband von einem Ende aus 20 cm abmessen und mit einer Nadel markieren, an dieser Strecke das Schrägband leer einfalten und Kante auf Kante aufeinanderstecken. Ab der Nadel das Schrägband, an der linken offenen Kante der Schürze beginnend, bis zum Mittelfalz um die Stofflagen herum stülpen und feststecken. An der oberen, linken Ecke der Schürze angekommen, für das Halsband auf einer Strecke von 9,5 cm das Schrägband leer zusammenstecken und erst danach wieder die Schürzenteile zwischenfassen und die rechte Rundung stecken. Ab Ende der rechten Kante das restliche Schrägband für das zweite Bindeband leer zusammenstecken.

6. Nun am Anfang des Bindebandes die Ecke knappkantig nähen und das Schrägband fortlaufend durchgängig (ohne Nahtunterbrechung) zusammen- bzw. um die Schürzenkanten herum …

7. … bis zum Ende des zweiten Bindebandes festnähen.

8. Das Schürzchen bügeln und um die Spüliflasche binden.

| LOLA |

OFEN-HAND-SCHUH

DER UNVERZICHTBARE KÜCHENHELFER LÄSST SICH IN FARBE UND MUSTER PERFEKT AUF DIE KÜCHE ABSTIMMEN. EIN TOLLES GESCHENK – ABER ERST, WENN DU DIR SELBST EIN PAAR EXEMPLARE GENÄHT HAST!

Größe: 14 cm breit, 28 cm lang
Schwierigkeitsgrad: ✂ ✂

MATERIAL:

- Robuster Baumwollstoff für außen, 50 x 30 cm
- Baumwollstoff für innen, 50 x 30 cm
- Hitzefestes Volumenvlies (z. B. Vlieseline® 272 Thermolam), 50 x 30 cm
- Volumenvlies (z. B. Vlieseline® 280), 50 x 30 cm
- Vorgefalztes Schrägband, 1 cm fertige Breite, 40 cm
- Farblich passendes Nähgarn

SCHNITTTEILE: Bogen A | LOLA

ZUSCHNEIDEN:

Die Schnittteile enthalten 1 cm Nahtzugabe.

Baumwollstoff für außen
Baumwollstoff für innen
Hitzefestes Volumenvlies
Volumenvlies
je 1x Oberteil, je 1x Unterteil, je 1x Innenteil

UND SO WIRD'S GEMACHT:

1. Pro Schnittteil alle vier Schichten so aufeinanderlegen, wie sie am Ende sein sollen (Außenstoff rechte Seite außen, darunter hitzefestes Volumenvlies, dann Volumenvlies und zum Schluss Innenstoff rechte Seite außen).

2. Alle offenen Kanten übereinanderliegend rundherum mit einem Zickzackstich oder der Overlock-Maschine versäubern. Die Schnittmarkierungen oben und an den Seiten mit Bleistift oder Schneiderkreide auf den Außen- und den Innenstoff aller Schnittteile übertragen.

3

4

5

6

3. Das Unterteil rechts auf rechts auf das Oberteil stecken und beide Seiten von der Ansatzmarkierung bis zum Eingriff mit 1 cm Nahtzugabe schließen.

4. Nun die gerundete Kante des Unterteils links auf links nach unten klappen, dann das Innenteil rechts auf rechts an die gerundete Kante des Oberteils stecken oder klammern (Markierungen „obere Mitte" müssen aufeinanderpassen). Die obere Rundung zwischen den beiden seitlichen Ansatzmarkierungen zusammennähen, Nahtanfang und -ende gut verriegeln.

5. Nun noch die offene Rundung von Innen- und Unterteil rechts auf rechts stecken, von einer seitlichen bis zur anderen seitlichen Markierung nähen und gut verriegeln.

6. Den Handschuh wenden und die Rundungen schön ausformen. Die Eingriffskante mit dem Schrägband, an der Seitennaht beginnend, einfassen (wie bei der Kuchentasche Kaja ab Schritt 9 beschrieben). Wieder an der Seitennaht angekommen, den Schrägbandanfang überdecken und das Band für einen Aufhänger weitere 10 cm leer zusammennähen. Das Ende zu einer Schlaufe legen, die kurze Kante einklappen und von Hand an die innere Naht nähen.

TIPP

Um beim späteren Waschen des Handschuhes ein unterschiedliches Einlaufen der verschiedenen Materialien zu vermeiden, sollten die Stoffe vor dem Zuschnitt gewaschen oder mit Dampf abgebügelt werden.

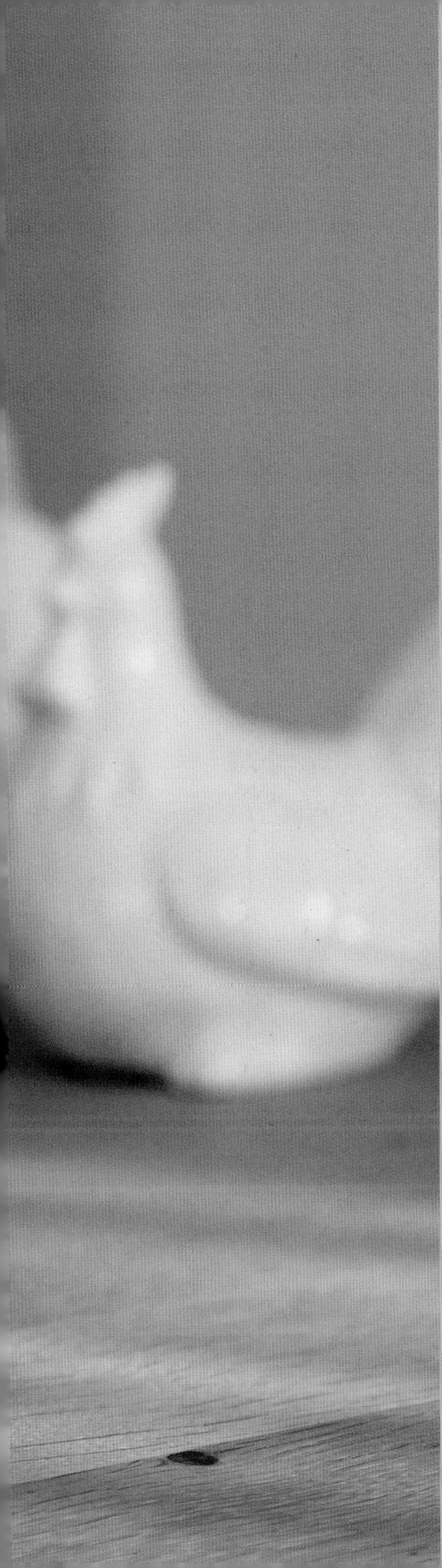

| CLEO |

OSTER-KÖRBCHEN

OB SONNTAGSFRÜHSTÜCK ODER OSTERTAFEL: FÜR GEKOCHTE EIER HEISST ES HUSCH, HUSCH INS KÖRBCHEN – SIEHT APPETITLICH AUS UND HÄLT SIE EIN WENIG LÄNGER WARM.

Größe: 14 cm breit, 7 cm hoch, 14 cm tief
Schwierigkeitsgrad: ✂

MATERIAL:

- Baumwollstoff für außen, gemustert, 35 x 35 cm
- Baumwollstoff für innen, gemustert, 35 x 35 cm
- Aufbügelbares Volumenvlies (z. B. Vlieseline® H 640), 30 x 30 cm
- Farblich passendes Nähgarn

ZUSCHNEIDEN:

Alle Teile nach den angegebenen Maßen zuschneiden, die Maße enthalten 1 cm Nahtzugabe.

Baumwollstoff für außen
1x 29 x 29 cm

Baumwollstoff für innen
1x 29 x 29 cm

Volumenvlies
1x 27 x 27 cm

UND SO WIRD'S GEMACHT:

1. Das Volumenvlies auf die linke Seite des Außenstoffs bügeln.

2. Die beiden Quadrate nun rechts auf rechts aufeinanderstecken und rundherum mit einer Nahtzugabe von 1 cm steppen. Dabei an einer Kante eine Wendeöffnung von 5 cm auslassen und hier Nahtanfang und -ende gut verriegeln.

3. Die Nahtzugaben an den Ecken schräg, bis kurz vor die Naht, abschneiden.

4

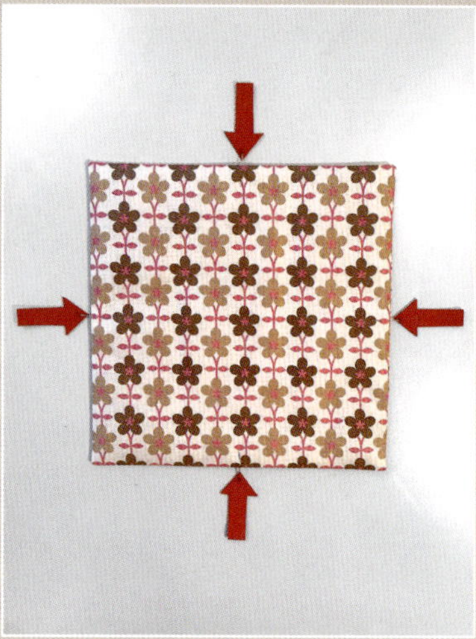

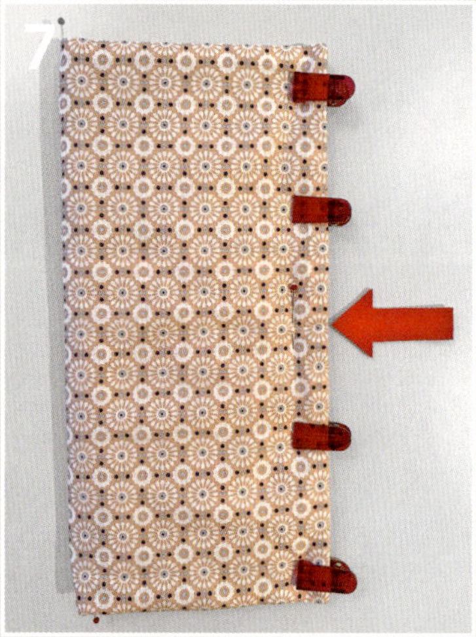
7

10

11

4. Die zusammengenähten Teile durch die Öffnung wenden, die Ecken vorsichtig ausformen und die Kanten schön glatt bügeln.

5. Nun kann die Kante knapp abgesteppt und dabei die Wendeöffnung gleich mitgeschlossen werden. Schöner sieht das Körbchen später allerdings ohne Steppnaht aus – dann die Öffnung von Hand mit dem Matratzenstich zunähen.

6. An jeder Quadratkante die Mitte markieren. Dafür das Quadrat horizontal zur Hälfte falten, sodass die später außenliegende Stoffseite innen liegt. Die seitlichen Bruchstellen mit Nadeln markieren. Das Quadrat wieder öffnen, nun vertikal zur Hälfte falten und ebenso die Bruchstellen mit Nadeln markieren.

7. Zwei der gekennzeichneten Bruchstellen rechts auf rechts aufeinanderlegen, die Kante mit Klammern fixieren und die Stofflagen an der markierten Mitte längs 1,5 cm zusammennähen.

8. Jetzt die Nahtstelle jeweils auf die zwei anderen Markierungen klappen, sodass zwei Dreiecke entstehen, die genau von Spitze bis Spitze aufeinanderpassen. Alles klammern.

9. Auch hier in der Mitte mit einer 1,5 cm langen Naht die Stofflagen zusammennähen. Sind die Stofflagen zu dick für die Nähmaschine, dann die Naht von Hand ausführen.

10. Einen quadratischen Boden formen, indem die Finger in die Taschenfächer greifen und unten die Spitze auseinanderziehen.

11. Zuletzt die Ecken umklappen und zurechtfalten.

TIPP

Das Volumenvlies wird bewusst rundum 1 cm kleiner als Außen- und Innenstoff zugeschnitten, da ansonsten die Kanten zu dick werden und die Ecken sich nach dem Wenden schwer in Form bringen lassen.

WOHNZIMMER

KOMFORTZONE STATT GUTER STUBE: HIER WIRD GELEBT UND HIER SOLLEN SICH ALLE WOHLFÜHLEN! OB KISSEN ODER KUSCHELDECKE, WEIHNACHTSSCHMUCK ODER EIN SITZSACK – WER NÄHT, KANN ES SICH SCHÖN UND GEMÜTLICH MACHEN!

| GALA |

FEDER-KISSEN

SCHIMMERNDER SAMT UND EINE GLAMOURÖSE FEDERBORTE – DIESES EDLE KISSEN IST DRAMATISCH SCHÖN UND DABEI HERRLICH WEICH UND KUSCHELIG!

Größe: 45 x 45 cm
Schwierigkeitsgrad: ✂ ✂

MATERIAL:

- Samt, 145 x 50 cm
- Federborte, 190 cm
- Reißverschluss, 40 cm
- Kissenfüllung, 50 x 50 cm
- Farblich passendes Nähgarn

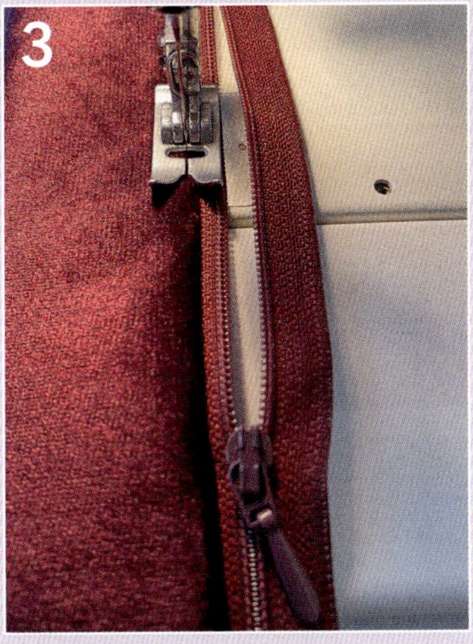

ZUSCHNEIDEN:

Alle Teile nach den angegebenen Maßen zuschneiden, alle Maße enthalten 1 cm Nahtzugabe.

Samt
1x Vorderteil, 47 x 47 cm; 2x Rückteil, 47 x 27 cm (auf gleiche Strichrichtung achten)
2x Reißverschlussbeleg, 8 x 2,5 cm

UND SO WIRD'S GEMACHT:

1. Da Samt stark ausfranst, zu Beginn die Kanten von Vorder- und Rückteilen mit einem Zickzackstich oder mit der Overlock-Maschine versäubern.
   Die Reißverschlussbelege längs zur Hälfte umbügeln (linke Stoffseite innen, Belege sind nun 4 x 2,5 cm groß) und die offenen Kanten ebenfalls mit einem Zickzackstich versäubern. Nun die beiden Belege so auf die Enden des geschlossenen Reißverschlusses stecken, dass insgesamt die Länge 47 cm erreicht wird (die offenen kurzen Kanten der Belege zeigen nach außen). Die Belege knappkantig aufnähen.

2. Den geschlossenen Reißverschluss rechts auf rechts und Kante auf Kante auf ein Rückteil stecken. Dann den Reißverschluss mit einem speziellen Reißverschlussfüßchen füßchenbreit aufnähen. Damit der Reißverschluss-Schieber dabei nicht stört, den Reißverschluss etwas öffnen und ein Stück nähen. Dann die Nadel im Stoff versenkt stehen lassen, den Nähfuß anheben und den Schieber vorsichtig an der Nadel vorbei an den Anfang des Reißverschlusses führen. Nähfuß senken und die Naht bis zum Ende nähen.

3. Den Reißverschluss umklappen, sodass nun die rechte Seite sichtbar ist und alle Nahtzugaben unter dem Oberstoff liegen. Den Oberstoff und die darunterliegenden Nahtzugaben knappkantig auf den Reißverschluss nähen.

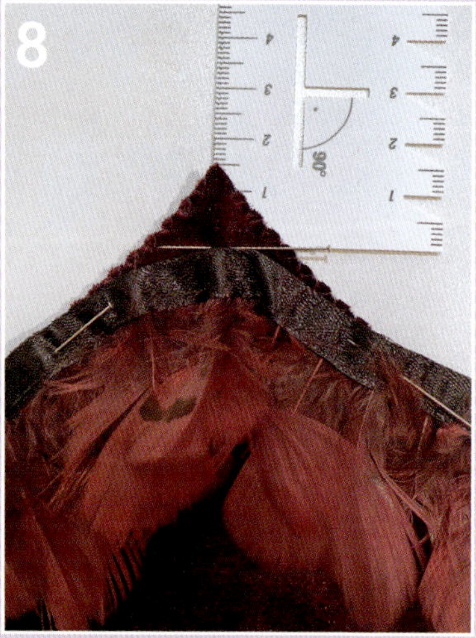

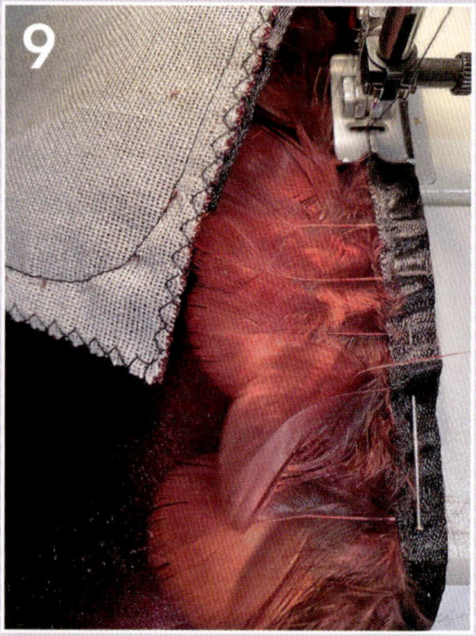

TIPP

Ein spezielles Reißverschluss-Füßchen erleichtert das Einnähen eines Reißverschlusses, da man es je nach Bedarf links oder rechts am Nähfußhalter anbringen kann. So kann besonders nah an der Zahnkante des Reißverschlusses genäht werden.

4. Die andere Reißverschlusskante rechts auf rechts auf das zweite Rückteil stecken – darauf achten, dass die Rückteile in der gleichen Strichrichtung liegen – und ebenso füßchenbreit aufnähen.

5. Um die Reißverschluss-Übertrittbreite festzulegen, das Vorderteil auf den Tisch legen, das Rückteil mit der rechten Seite nach oben darüberlegen und an allen Kanten mit Klammern fixieren. Die überschüssige Breite des Rückteils nun in einer Falte so über den Reißverschluss legen und mit Nadeln auf dem zweiten Rückteil feststecken, dass die Gesamtbreite der des Vorderteils entspricht. Auf eine gleichmäßige Breite des Übertrittes achten.

6. Die Klammern am äußeren Rand wieder abnehmen, das Rückteil mit dem Reißverschluss umdrehen und von links, nochmals entlang der schon vorhandenen Reißverschlussnaht, den Übertritt festnähen.

7. So sieht das fertige Rückteil aus. Den Reißverschluss zur Hälfte öffnen.

8. Nun die Fransenborte rechts auf rechts an die Außenkanten des Vorderteils stecken. An den Ecken 1,5 cm von der Spitze entfernt die Borte in eine schöne Rundung legen und mit wenigen Handstichen fixieren.

9. Die Borte, 1 cm von der Kante entfernt, aufnähen und dabei an den Ecken auf schöne Rundungen achten.

10. Das Vorderteil mit der Borte nun rechts auf rechts auf das Rückteil mit dem Reißverschluss legen, feststecken und rundherum auf der Naht der Borte nähen (Reißverschluss unbedingt offen lassen).

11. Das Kissen wenden und die Rundungen vorsichtig ausformen. Nun nur noch die Kissenfüllung hineingeben und den Reißverschluss schließen.

| MINOU |

WEIH-NACHTS-KUGELN

UPCYCLING DELUXE: DER EFFEKTVOLLE CHRISTBAUMSCHMUCK BRAUCHT WENIG MATERIAL; HIER KOMMEN EIN ALTES ABENDKLEID UND EIN REST BROKAT ZU NEUEM GLANZ!

Größe: 11 cm Ø
Schwierigkeitsgrad: ✂ ✂

MATERIAL PRO KUGEL:

- Satin oder ähnlich festlich glänzender Stoff, 53 x 53 cm
- Tüll in passender Farbe, 26 x 26 cm
- Organza in passender Farbe, 26 x 26 cm
- Aufhängerband, 40 cm
- Einlage zum Aufbügeln, (z. B. Vlieseline® H 200), 53 x 53 cm
- Festes Papier oder dünne Pappe, 15 x 15 cm
- Zirkel
- Farblich passendes Nähgarn

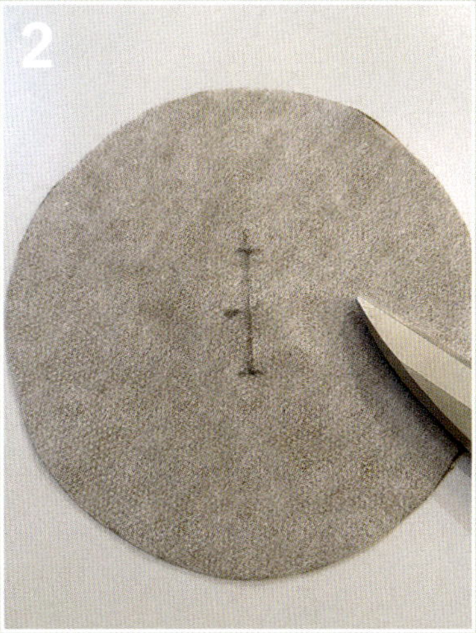

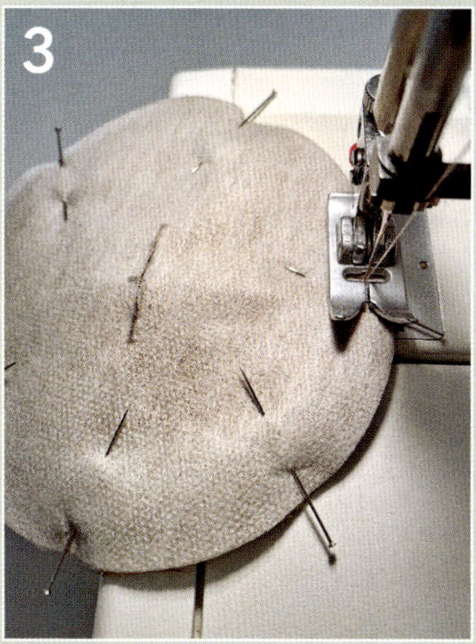

ZUSCHNEIDEN:

Mit einem Zirkel einen Kreis von 12 cm Ø auf Papier/Pappe zeichnen und die Schablone ausschneiden. Die Kreisschablone enthält 0,5 cm Nahtzugabe.

Satin
16x Kreis

Tüll
4x Kreis

Organza
4x Kreis

Einlage
16x Kreis

UND SO WIRD'S GEMACHT:

1. Alle Kreise aus Satin mit Einlage verstärken. Die Kreise aus Tüll und Organza jeweils auf einen Kreis aus Satin stecken. Diese Lagen werden im weiteren Verlauf als eine Lage verarbeitet.

2. In die Mitte der Satinkreise einen 2,5 cm langen Schlitz zum Wenden schneiden.

3. Nun immer einen Kreis aus Satin rechts auf rechts auf einen Kreis aus Tüll/Satin bzw. einen Kreis aus Organza/Satin stecken und rundherum mit einer Nahtzugabe von 0,5 cm steppen. Es sind nun acht Kreise.

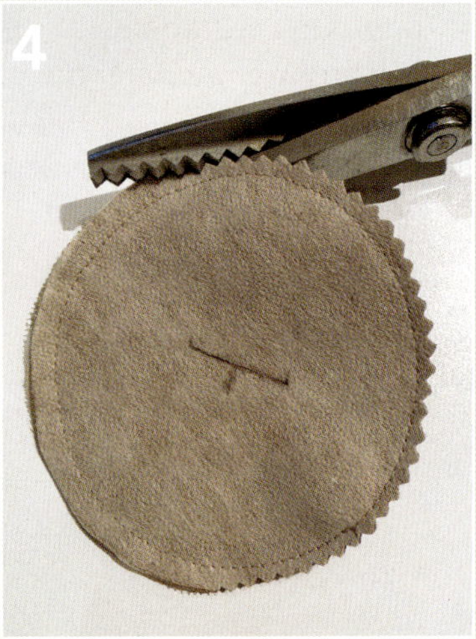
4
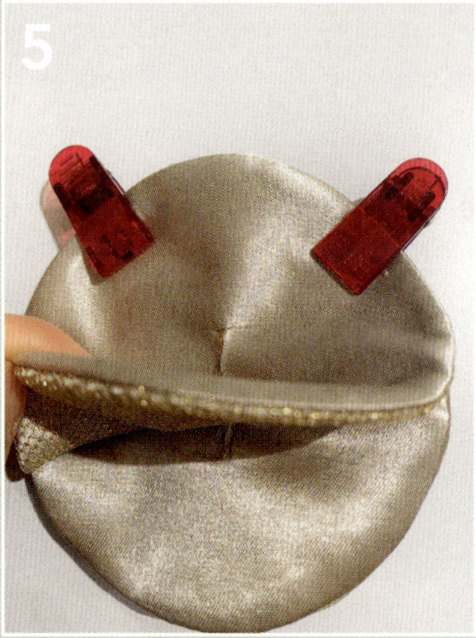
5

6
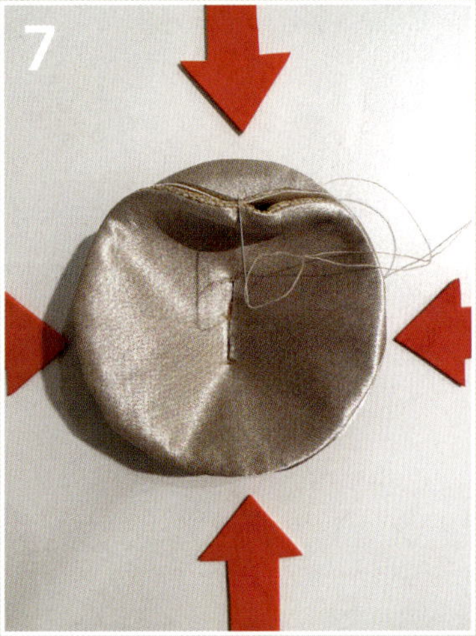
7

8
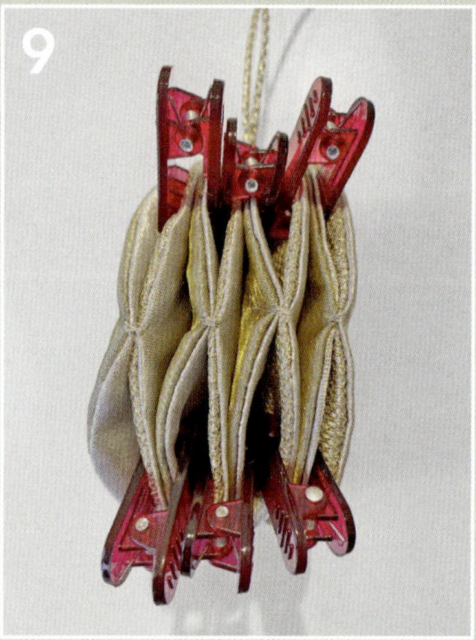
9

10

11

4. Die Nahtzugaben mit der Zackenschere knapp abschneiden und die Kreise durch den Schlitz wenden. Die Nähte flach bügeln. Hinweis: bei synthetischen Stoffen maximal bei mittlerer Hitze bügeln.

5. Vier der Kreise so aufeinanderlegen, dass die Satinseite immer nach oben zeigt und die Schlitze deckungsgleich liegen. Die Ränder mit Klammern fixieren und „im Schlitz" die Lagen mittig 2,5 cm lang aufeinandernähen. Mit den verbliebenen vier Kreisen genauso verfahren.

6. Jetzt die beiden Kreis-Pakete mit ein paar Handstichen durch alle Lagen hindurch, ebenfalls am Schlitz entlang, miteinander verbinden.

7. Mit ein paar Handstichen jeweils zwei nebeneinanderliegende Kreise an den Kanten oben, unten, rechts und links zusammennähen.

8. Parallel zu den Einschnitten ein Stück Aufhängerband zwischen dem vierten und dem fünften Kreis einziehen.

9. Um das Wabenmuster zu bilden, nun jeweils zwei nebeneinanderliegende Kreise zwischen (!) den ersten Nahtstellen zusammennähen. Dabei treffen zweiter und dritter, vierter und fünfter und sechster und siebter Kreis aufeinander. Erster und achter Kreis bleiben zunächst noch unverbunden.

10. Dann die beiden äußeren Kreise (erster und achter) hochklappen und ebenfalls mit ein paar Stichen miteinander verbinden.

11. Als Letztes in der oberen Mitte mit wenigen Stichen durch die einzelnen Lagen das Aufhängerband fixieren.

TIPP

Eine einfachere Variante der Weihnachtskugel ist, diese aus Filz zu nähen. Dann werden nur acht Kreise benötigt, da der Filz von beiden Seiten schön anzusehen ist.

Architektur
THEORIE

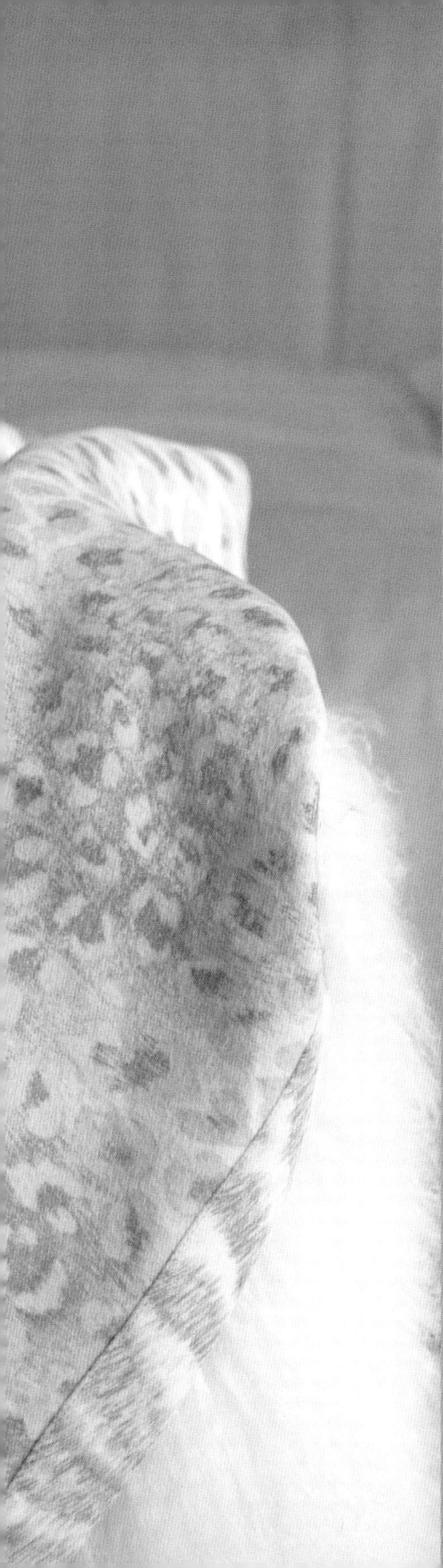

| NOËLLE |

WENDE-DECKE

DANK BRIEFECKEN VON ALLEN SEITEN ANSEHNLICH! DAS PLAID LÄDT ZUM EINKUSCHELN EIN UND SIEHT AUCH SUPER AUS, WENN ES ZUSAMMENGELEGT AUF DEN NÄCHSTEN EINSATZ WARTET.

Größe: 130 cm breit, 160 cm lang
Schwierigkeitsgrad: ✂ ✂

MATERIAL:

- Doubleface Jacquard- oder Wollstoff, 145 x 175 cm
- Bügelschablone mit 1-cm- und 4-cm-Markierungen – alternativ 25 x 20 cm dünne Pappe und die Linien selbst einzeichnen, siehe Vorlagenbogen
- Farblich passendes Nähgarn

SCHABLONE: Bogen A | NÖELLE

TIPP

Die Größe kann beliebig geändert werden – das individuelle Maß dann mit einer Nahtzugabe von 5 cm an allen Kanten zuschneiden.

ZUSCHNEIDEN:

Die Maße enthalten 5 cm Nahtzugabe. Die Bügelschablone laut Vorlagenbogen aus Pappe vorbereiten.

Doubleface Jacquard- oder Wollstoff
1x Decke, 140 x 170 cm

UND SO WIRD'S GEMACHT:

1. Die vier Kanten mithilfe der Bügelschablone erst 1 cm, dann weitere 4 cm auf die linke Stoffseite mit Dampf und Druck umbügeln.

2. Die Ecken eingefaltet gut bügeln.

3

4

5

6

3. Danach den Stoff mit der rechten Seite nach oben drehen. An allen Ecken (nur) die 4 cm breiten Umschläge auffalten und die Ecken jeweils rechts auf rechts so umklappen, dass die gebügelten Bruchlinien der 4 cm breiten Umschläge aufeinandertreffen. (Die 1 cm breiten Umschläge bleiben an beiden Kanten eingefaltet.) Die diagonale Bruchkante leicht einbügeln.

4. Entlang diesen neuen, diagonalen Bruchlinie werden nun die Briefecken abgenäht.

5. Dazu die Ecken jeweils rechts auf rechts zusammenfalten, feststecken und entlang der gebügelten Bruchlinie abnähen.

6. Um später schöne Spitzen zu erhalten, die Nahtzugaben auf 1 cm und die Ecken, bis kurz vor die Naht schräg, zurückschneiden.

7. Die Nähte auseinanderbügeln, die Ecken auf rechts wenden, vorsichtig mit einem Eckenformer oder einer Scherenspitze ausformen und gut bügeln.

8. Den kompletten Umschlag entlang der Kanten gut feststecken und entlang der inneren Bruchkante rundherum knappkantig feststeppen.

| SURI |

RUNDES SITZKISSEN

EIN SCHLICHTES POLSTER SORGT OHNE VIEL AUFSEHEN FÜR BEQUEMES SITZEN. EDLER WOLLFILZ UND EIN MODERNES FARBDUO SIND FÜR DEN STYLE-FAKTOR VERANTWORTLICH.

Größe: 35 cm Ø
Schwierigkeitsgrad: ✂

MATERIAL:

- Filz 1 für die Oberseite, 2 mm stark, 40 x 40 cm
- Filz 2 für die Unterseite, 2 mm stark, 40 x 40 cm
- Schaumstoffplatte, 2 cm stark, 36 x 36 cm (oder 34 cm Ø)
- Passendes Nähgarn in beiden Filzfarben

SCHNITTTEILE: Bogen B | SURI

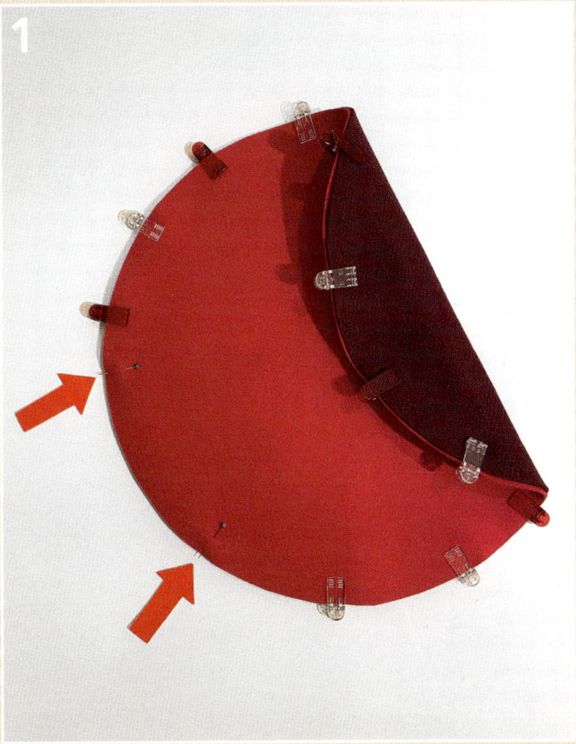

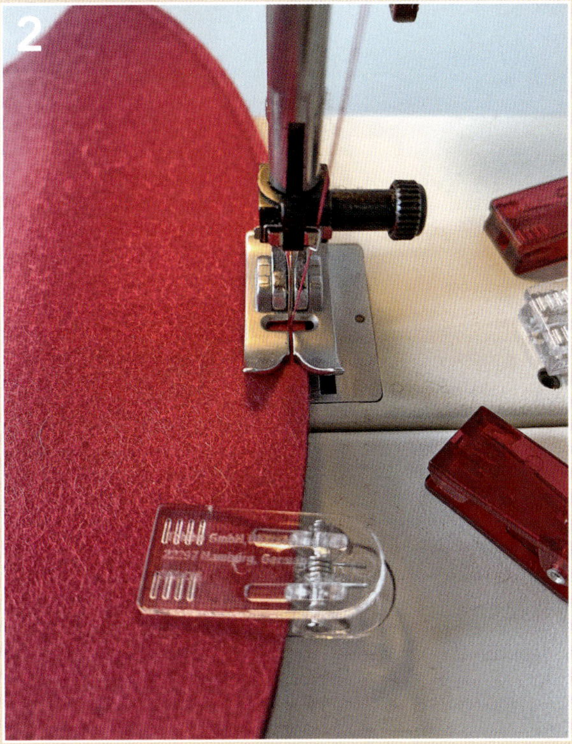

ZUSCHNEIDEN:

Die ½ Schnittteile I und II jeweils so abpausen, dass ganze Kreise entstehen. Schnittteil I enthält 3 mm Nahtzugabe.

Filz 1 und Filz 2
je 1x Kreis I

Schaumstoff
1x Kreis II

UND SO WIRD'S GEMACHT:

1. Die beiden Filzkreise aufeinanderlegen (bei Filz sind beide Seiten gleich, es gibt keine rechte und linke Stoffseite) und die Kanten mit Klammern fixieren. Eine Strecke von ca. 17 cm zum Einschieben der Schaumstoffplatte mit Nadeln markieren.

2. Für eine möglichst unauffällige Naht den Oberfaden farblich dem obenliegenden Filz und den Unterfaden farblich dem untenliegenden Filz anpassen. Die beiden Filzteile mit 3 mm Nahtzugabe zusammennähen, dabei die markierte Öffnung aussparen (Nahtanfang und -ende unbedingt verriegeln).

3. Den Schaumstoff seitlich einschlagen und nach und nach durch die Öffnung bis an die Nähte schieben.

4. Den Schaumstoff an der Öffnung etwas nach hinten umschlagen, sodass die Öffnung gut mit Klammern zu schließen ist. Die Öffnung nun mit 3 mm Abstand zur Kante zunähen. Den Schaumstoff durch Hin-und Herbewegen des Kissens an seine richtige Position bringen.

TIPP

Wenn man einen Filz stärker als 2 mm verwenden möchte, unbedingt vor dem Zuschnitt prüfen, ob die beiden Filzschichten noch unter das Nähfüßchen passen. Zum Nähen hier eine etwas dickere Nähmaschinennadel (z. B. Stärke 90–100) nehmen.

| BOBBY |

SITZSACK

HINFLÄZEN UND SICH WOHLFÜHLEN! AUF DIESEM LIEBLINGSPLATZ MACHST DU ES DIR MIT EINEM GUTEN BUCH UND KNABBERZEUG GARANTIERT GERN GEMÜTLICH.

Größe: 92 cm breit, 92 cm hoch, 123 cm tief
Schwierigkeitsgrad: ✂ ✂

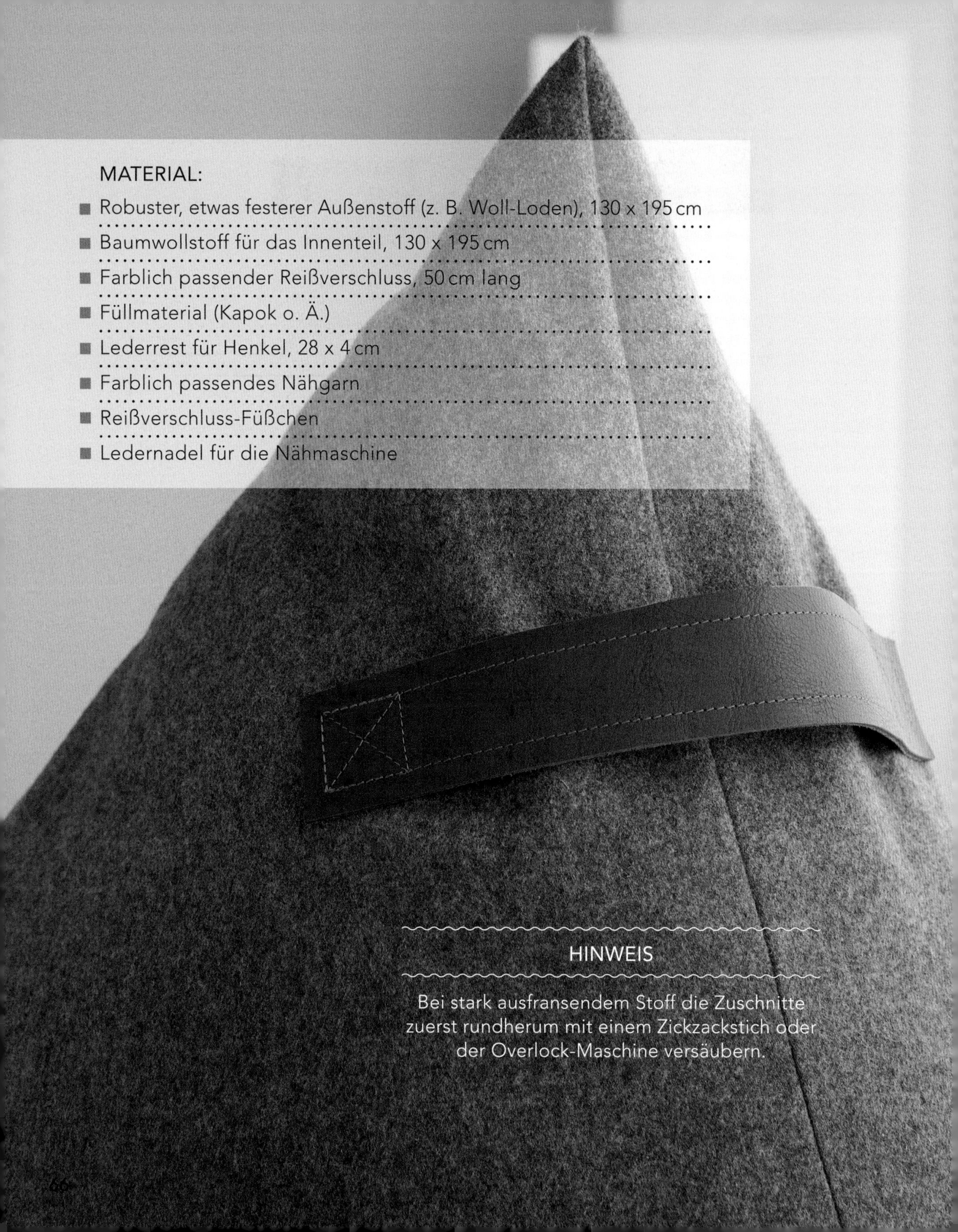

MATERIAL:

- Robuster, etwas festerer Außenstoff (z. B. Woll-Loden), 130 x 195 cm
- Baumwollstoff für das Innenteil, 130 x 195 cm
- Farblich passender Reißverschluss, 50 cm lang
- Füllmaterial (Kapok o. Ä.)
- Lederrest für Henkel, 28 x 4 cm
- Farblich passendes Nähgarn
- Reißverschluss-Füßchen
- Ledernadel für die Nähmaschine

HINWEIS

Bei stark ausfransendem Stoff die Zuschnitte zuerst rundherum mit einem Zickzackstich oder der Overlock-Maschine versäubern.

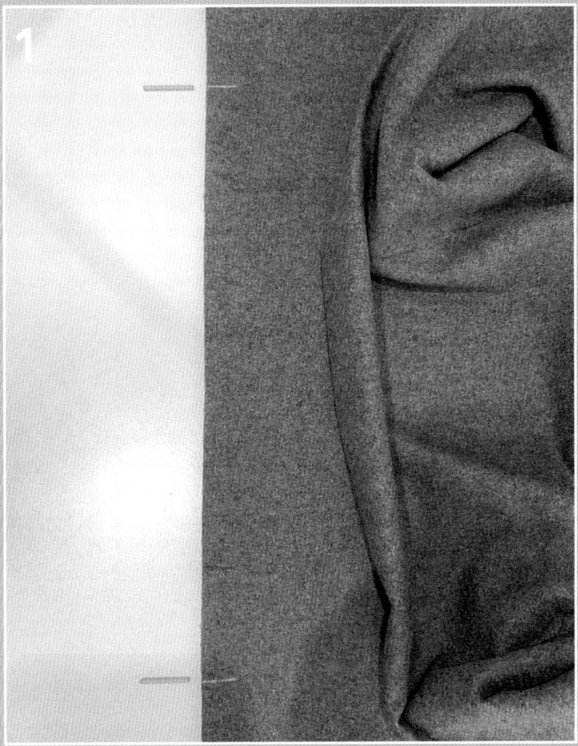

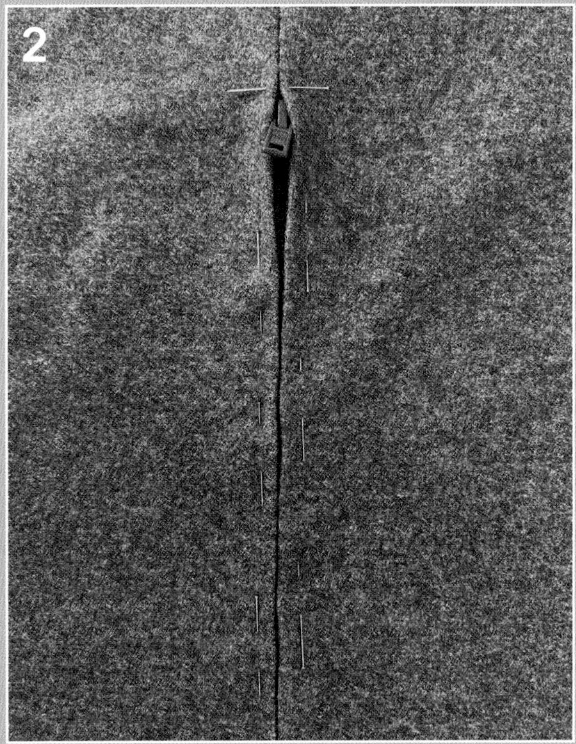

ZUSCHNEIDEN:

Die Maße enthalten 1,5 cm Nahtzugabe.

Außenstoff
1x Außenteil 126 x 189 cm

Baumwollstoff
1x Innenteil 126 x 189 cm

UND SO WIRD'S GEMACHT:

1. Die kürzeren Kanten des Außenstoffes rechts auf rechts legen und zusammenstecken. In der Mitte der Kante 48 cm für den Reißverschluss-Schlitz mit Nadeln oder Schneiderkreide markieren. Die Naht bis zur ersten Markierung nähen, verriegeln und mit großer Stichlänge (5) bis zur zweiten Markierung weiternähen. Stichlänge wieder verkleinern, verriegeln und die Naht bis zum Ende der Kante fertig nähen.

2. Die Nahtzugaben auseinanderbügeln und die Naht am Reißverschluss-Schlitz auftrennen. Den Reißverschluss so unter den Schlitz stecken, dass die Zähnchen von den umgebügelten Stoffkanten verdeckt werden. Die Position bei geöffnetem sowie geschlossenem Schieber kontrollieren. Optional den Reißverschluss zunächst von Hand einheften.

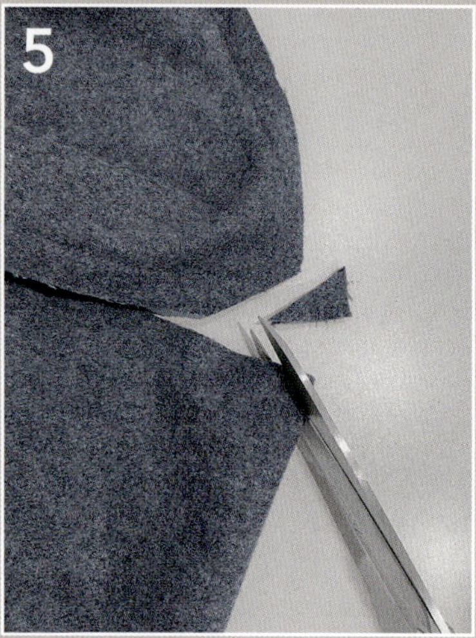

TIPP

Die Größe des Sitzsackes kann natürlich auch verändert werden, das Seitenverhältnis des Rechtecks sollte jedoch immer 1 : 1,5 sein.

3. Den Reißverschluss (geöffnet!) mithilfe eines Reißverschluss-Füßchens jeweils 0,5 cm neben der Schlitzkante einnähen. Nach einigen Zentimetern die Nadel im Stoff stecken lassen, Nähfuß anheben und den Schieber vorsichtig an der Nadel vorbei nach oben schieben und den Reißverschluss schließen. Am Ende der ersten Reißverschlussseite angekommen, die Nadel wieder im Stoff stecken lassen, Nähfuß anheben, Stoff um 90° drehen, Nähfuß senken und quer über den Reißverschluss nähen. Auf der anderen Seite weiter nähen, bis ein Rechteck um den Reißverschluss herum genäht ist. Dabei in der Mitte der zweiten Seite wieder den Schieber vorsichtig an der Nadel vorbeiführen, sodass er beim Nähen nicht stört.

4. Nun den entstandenen „Schlauch" so legen, dass die Reißverschlussnaht an der Seite liegt. Eine der beiden offenen Kanten rechts auf rechts stecken und nähen. Die Bruchkante des Rechtecks ca. 25 cm weit mit den Fingern einstreichen.

5. Die Nahtzugabe an der Ecke zur Reißverschlussnaht schräg abschneiden und die Nahtzugaben auseinanderbügeln.

6. Den Henkel mithilfe der Ledernadel füßchenbreit rundherum mit einer mittleren Stichlänge (3) absteppen. An beiden Enden zwischen der Naht mit Bleistift ein diagonal durchkreuztes Quadrat (2 x 2 cm) einzeichnen.

7. Stoff auf rechts wenden, dann die zuletzt geschlossene Naht (= ohne Reißverschluss) und die Bruchkante links auf links mittig als Spitze legen (die Bruchkante befindet sich auf der Rückseite).
   Den Henkel 18 cm von der Spitze entfernt quer zur Naht auflegen (13 cm von der Naht nach links und 13 cm nach rechts) und die Enden mit Klebeband (oder Textilkleber) fixieren. Der Henkel liegt nicht flach auf, sondern bildet einen leichten Bogen.

8. Die beiden Henkelenden nun (NUR) auf die obere Lage des Oberstoffs nähen (Nählinie = Quadrat mit innenliegendem, diagonalem Kreuz). Dabei aufpassen, dass die untenliegende Lage des Oberstoffs nicht mitgefasst wird.

9. Den Stoff an der offenen Kante rechts auf rechts so aufeinanderstecken, dass die Reißverschlussnaht mittig liegt. Reißverschluss zum Wenden öffnen! Die Kanten zusammennähen.

10. Die Naht auseinanderbügeln, die Nahtzugaben an den Ecken schräg abschneiden und den Sitzsack wenden.

11. Das Innenteil des Sitzsackes gleich arbeiten (ohne Reißverschluss und Henkel). An der letzten Naht eine Öffnung zum Wenden und Befüllen lassen. Das Innenteil durch den geöffneten Reißverschluss in das Außenteil stecken, alle Ecken genau ineinanderschieben. Das Innenteil prall befüllen. An der Wendeöffnung die Nahtzugaben nach innen falten, die Bruchkanten links auf links aufeinanderstecken und knappkantig mit der Maschine zusammennähen.

BADEZIMMER

MIT DIESEN IDEEN ZUM SELBERNÄHEN VERWANDELST DU EINE EINFACHE NASSZELLE IN DEINE WELLNESSOASE. PRAKTISCH SIND DIESE PROJEKTE NOCH DAZU – BLICKFANG UND PROBLEMLÖSER IN EINEM!

| YOKO |

WÄSCHE BEUTEL

ADIEU KLEIDERBERGE AUF STÜHLEN UND HERUMFLIEGENDE SOCKEN! DIESE CLEVERE LÖSUNG ZAUBERT SCHMUTZWÄSCHE PLATZSPAREND UND SCHICK EINFACH WEG!

Größe: 61 cm breit, 77 cm hoch
Schwierigkeitsgrad: ✂ ✂

MATERIAL:

- Außenstoff, gemustert, 140 x 100 cm
- Innenstoff, uni, 50 x 45 cm
- Aufbügelbare Einlage (z. B. Vlieseline® H 200), 45 x 10 cm
- Kleiderbügel, weiß (z. B. aus einem schwedischen Möbelhaus)
- Zackenschere
- Farblich passendes Nähgarn

SCHNITTTEILE: Bogen B | YOKO

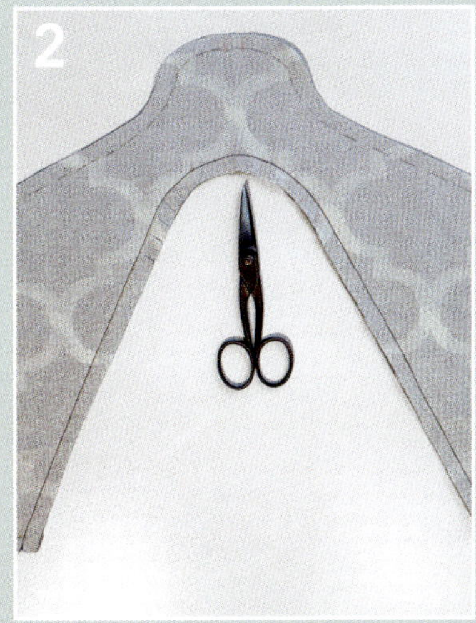

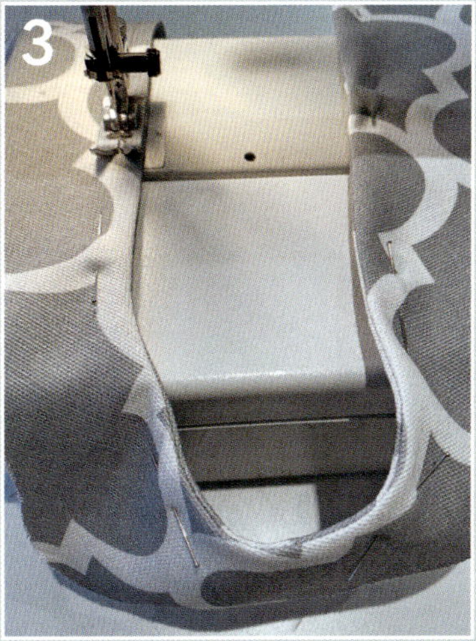

ZUSCHNEIDEN:

Die Schnittteile dem Schnittbogen entnehmen. An allen Schnittteilen 1 cm Nahtzugabe zufügen.

Außenstoff
1x Rückteil im Stoffbruch
2x oberes Vorderteil im Stoffbruch
1x unteres Vorderteil im Stoffbruch
1x Zwischensteg im Stoffbruch

Innenstoff
1x Innenblende im Stoffbruch

Einlage
1x Zwischensteg im Stoffbruch

UND SO WIRD'S GEMACHT:

1. Alle Nählinien und Markierungen auf die linke Seite der Zuschnitte übertragen (nur bei der Innenblende die Nählinien auf die rechte Seite übertragen). Die Einlage auf die linke Seite des Zwischenstegs bügeln.

2. Die beiden oberen Vorderteile rechts auf rechts aufeinanderstecken und an der inneren Rundung entlang der eingezeichneten Nählinie zusammennähen. In der Rundung die Nahtzugabe bis kurz vor die Naht einschneiden.

3. Die Nahtzugaben auseinanderbügeln, das Vorderteil wenden, sodass die rechten Seiten außen liegen, und die verstürzte Kanten im Nahtbruch flach bügeln. Die Kante mit Nadeln fixieren und füßchenbreit absteppen.

4

5

6

7

8

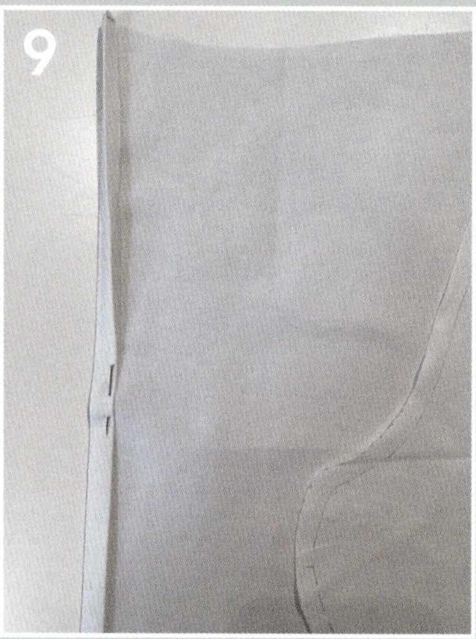
9

11

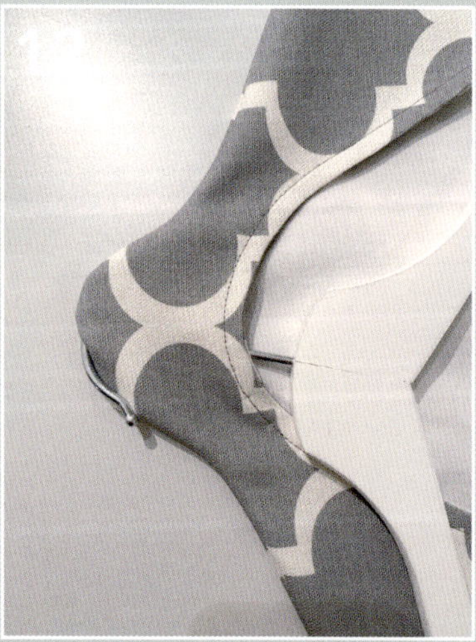

4. Am unteren Vorderteil die sechs eingezeichneten Falten in Pfeilrichtung einlegen und mit Nadeln feststecken.

5. Nun den Zwischensteg mit der unteren Kante rechts auf rechts und Markierung A auf Markierung A treffend auf das untere Vorderteil stecken. (Die Kanten haben leicht gegengesetzte Rundungen – das ist hier erwünscht.) Die beiden Teile auf der Nählinie zusammennähen, dabei werden die Falten mit festgenäht.

6. Die Nahtzugaben mit einem mittleren Zickzackstich oder der Overlock-Maschine versäubern, in den Zwischensteg bügeln und von rechts knappkantig absteppen.

7. Jetzt das obere Vorderteil mit den kurzen Kanten (Ansatzmarkierung B) rechts auf rechts auf den Zwischensteg stecken und auf der Nählinie steppen.

8. Die offene obere Kante des Zwischenstegs (teilweise nun mit dem oberen Vorderteil verbunden) mit einem mittleren Zickzackstich oder der Overlock-Maschine versäubern. Die Nahtzugabe in den Zwischensteg bügeln, das mittlere Stück der Zwischenstegkante fortlaufend ebenfalls 1 cm nach innen umbügeln und die ganze Strecke von rechts knappkantig absteppen.

9. An der Innenblende die untere Kante 1 cm ein- und dann 1 cm umschlagen, die neue Kante bügeln, feststecken und an der inneren Bruchkante feststeppen.

10. Nun die Innenblende links auf links auf das Rückteil stecken und beide Teile mit der rechten Seite des Rückteils auf die rechte Seite des bereits vorbereiteten Vorderteils stecken. In der Mitte der oberen Rundung 1 cm für den Haken des Kleiderbügels markieren. Den Wäschebeutel nun, beginnend an der rechten Markierung der oberen Rundung, rundherum auf der eingezeichneten Nählinie entlang bis zur zweiten Markierung zusammennähen. Anfang und Ende der Naht gut verriegeln.

11. Die Nahtzugaben mit der Zackenschere auf 0,5 cm zurückschneiden. Wenn keine Zackenschere vorhanden, die Nahtzugaben erst auf 0,5 cm zurückschneiden und dann mit einem mittleren Zickzackstich versäubern. Die Nähte so weit wie möglich auseinanderbügeln.

12. Den Wäschebeutel wenden, die Rundungen schön ausarbeiten und den Haken des Kleiderbügels durch die Öffnung schieben.

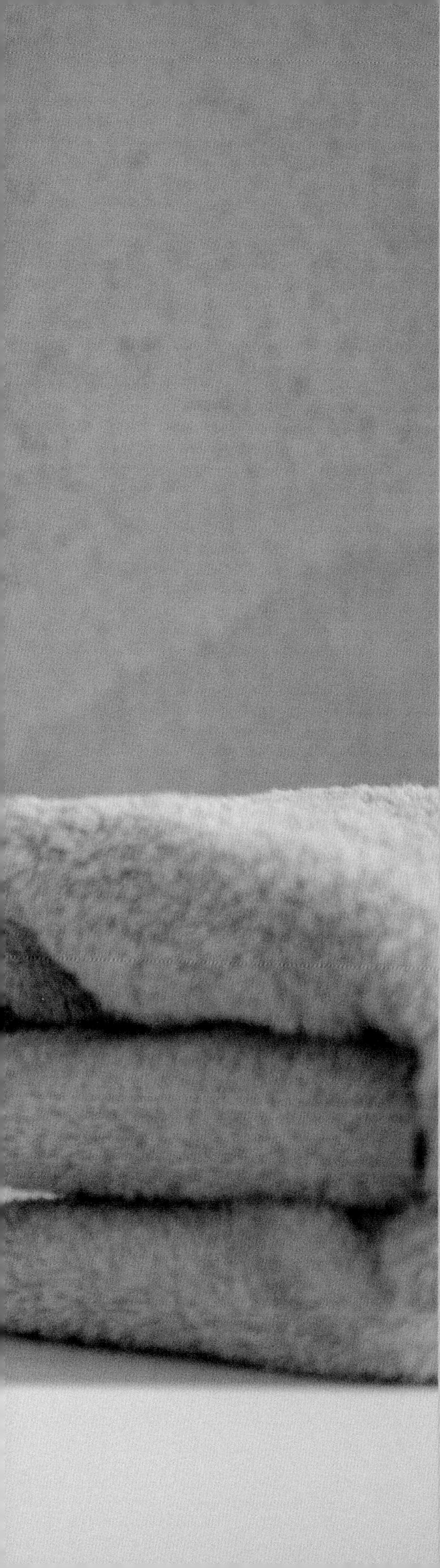

| TARA |

RUNDES UTENSILO

SCHAFFT ORDNUNG UND ÜBERSICHT BEI DEINEN KOSMETIKA, BIETET AUCH PLATZ FÜR DIE KLEINEN DINGE IN DER SCHÖNHEITSPFLEGE UND VEREDELT JEDEN WASCHTISCH IM NU!

Größe: 22 cm Ø, 16 cm hoch
Schwierigkeitsgrad: ✂

MATERIAL:

- Wachstuch (oder normaler Baumwollstoff) für außen, gemustert, (hier Dekostoff Frida chartreuse/charcoal, matt beschichtet, von Clarke & Clarke), 95 x 25 cm
- Baumwollstoff für innen, gestreift, 95 x 25 cm
- Baumwollstoff für die Taschen, gestreift, 72 x 15 cm
- Farblich passendes Nähgarn

SCHNITTTEIL: Bogen A | TARA

ZUSCHNEIDEN:

Das ½ Boden-Schnittteil so abpausen, dass ein ganzer Kreis entsteht.
Schnittteil und Maßangaben enthalten 1 cm Nahtzugaben.

Wachstuch für außen
1x Boden, 1x Utensilowand 71 x 18 cm

Baumwollstoff für innen
1x Boden, 1x Utensilowand 71 x 18 cm

Baumwollstoff für Taschen
1x 71 x 14 cm

UND SO WIRD'S GEMACHT:

1. Das Schnittteil für die Taschen der Länge nach links auf links zur Hälfte falten und bügeln. Dann Kante auf Kante von rechts auf den unteren Teil der äußeren Utensilowand stecken. Die Taschenfächer beliebig abnähen, je nachdem, was später hineingesteckt werden soll. Für „Tara" die Linien zwischen den Streifen von oben bis unten abnähen (abwechselnd jede Linie und dann wieder alle zwei Linien). Den Nahtanfang besonders gut verriegeln.

2. Nun die kurzen Kanten der äußeren Utensilowand rechts auf rechts stecken und mit 1 cm Nahtzugabe nähen. Dann die Naht auseinanderbügeln.

3. Die untere Kante des entstandenen Rings an vier Stellen mit einem kleinen (!) Einschnitt markieren: direkt gegenüber der Naht, dann zu beiden Seiten diese halben Strecken nochmals unterteilen, indem die erste Markierung auf die Naht gelegt wird und dann die seitlichen Stoffbrüche eingeschnitten werden.

4

5

6

7

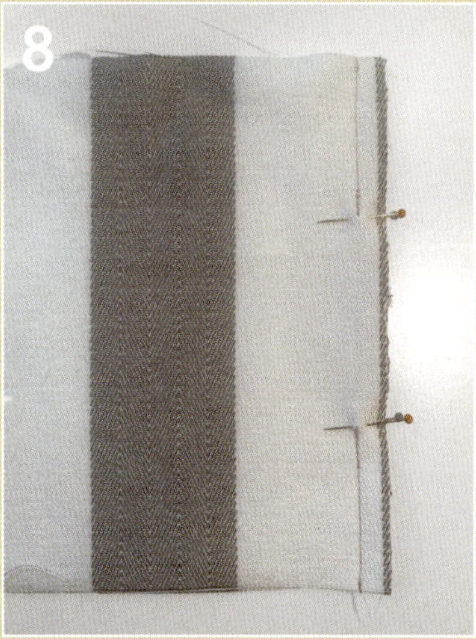
8

9

10

11

4. Den Außenboden des Utensilos ebenfalls vierteln und mit Einschnitten markieren.

5. Jetzt den Boden und die Außenwand rechts auf rechts zusammenstecken. Zuerst die Markierungen aufeinandertreffen lassen und dann die Strecke dazwischen gleichmäßig verteilen.

6. Von der Bodenseite aus die Naht mit einer Nahtzugabe von 1 cm und einer Stichlänge von 1,5 nähen und darauf achten, dass keine Falten eingenäht werden.

7. An den Nahtzugaben rundherum alle 2–3 cm bis kurz vor die Naht Dreiecke ausschneiden. So legt sich die Rundung schön in Form. Dann das äußere Utensilo wenden.

8. Nach dem gleichen Prinzip das Innenteil nähen (Schritte 2–7) – dabei hier an der kurzen Kante eine Wendeöffnung von 7 cm auslassen.

9. Nun das Außen- und das Innenteil rechts auf rechts ineinanderstecken, an der oberen Kante aufeinanderklammern und rundherum zusammennähen. Die Nähte der kurzen Kanten treffen mit auseinandergebügelten Nahtzugaben aufeinander.

10. Das Utensilo durch die Öffnung wenden und anschließend die offene Stelle mit dem Matratzenstich von Hand zunähen.

11. Das Innenteil links auf links in das Außenteil stülpen. Die obere Kante schön ausformen, sodass die Naht im Bruch liegt, und bügeln. Zuletzt die Kante klammern und rundherum 0,7 cm breit absteppen.

TIPP

Ein dünner Außenstoff kann mit aufbügelbarer Einlage (z. B. Vlieseline® H 200) verstärkt werden.

| LOU |

TÜCHERBOX-HÜLLE

EIGENTLICH PASSEN DIE BUNTEN SCHACHTELN FÜR KOSMETIKTÜCHER NIE SO RICHTIG ZU MEINEM BAD – DACHTEST DU, BIS DU DIE PERFEKTE HÜLLE SELBST GENÄHT HAST!

Größe: 23,5 cm breit, 6 cm hoch, 11,5 cm tief
Schwierigkeitsgrad: ✂

MATERIAL:

- Außenstoff, bunt gemustert, 40 x 30 cm
- Innenstoff, uni, 40 x 30 cm
- Tücherbox, 23,5 x 6 x 11,5 cm (Breite x Höhe x Tiefe)
- Posamentenborte, ca. 40 cm (je nach Umfang der Öffnung)
- Farblich passendes Nähgarn

SCHNITTTEIL: Bogen B | LOU

TIPP

Ein dünner Außenstoff kann mit aufbügelbarer Einlage (z. B. Vlieseline® H 200) verstärkt werden.

ZUSCHNEIDEN:

Siehe zuerst Anleitungsschritte 1. und 2. Das Schnittteil auf dem Vorlagenbogen enthält keine Nahtzugabe.

UND SO WIRD'S GEMACHT:

1. Zuerst die Box ausmessen (Breite, Höhe und Tiefe) und bei identischen Maßen den Schnitt dem Schnittbogen entnehmen. Anderenfalls dementsprechend einen passenden Papierschnitt anfertigen. Die runde Papplasche der Box entfernen und den Rand der Öffnung mit einem dunklen Stift markieren. Den Papierschnitt an den Kanten falten, über die Box legen und die Größe und Position der Öffnung auf den Schnitt durchpausen. Nun die Öffnung ausschneiden.

2. Außen- und Innenstoff-Rechtecke rechts auf rechts legen. Den Papierschnitt auf die Lagen stecken, die Nählinien von Außenkanten und ovaler Öffnung mit Bleistift oder Schneiderkreide übertragen, dann entlang der Außenkanten mit 1 cm Nahtzugabe rundherum zuschneiden. Die Lagen entlang des Ovals mit Nadeln fixieren und rundherum auf der Nählinie steppen.

3

4

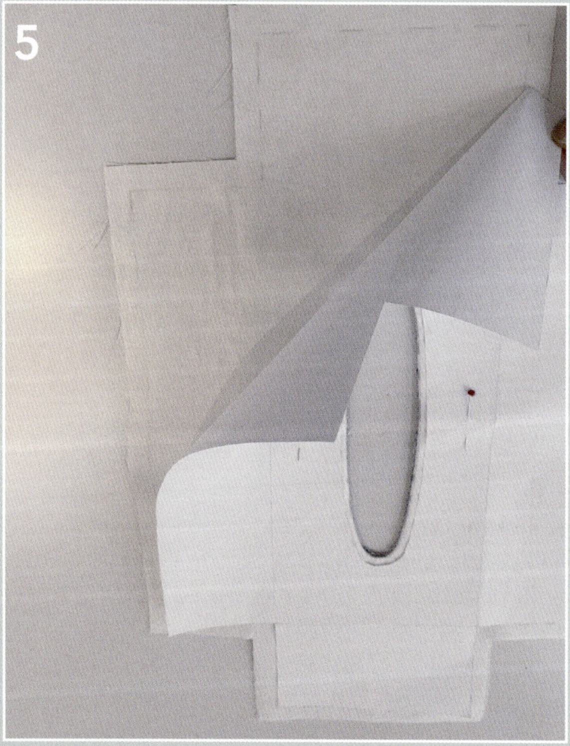
5

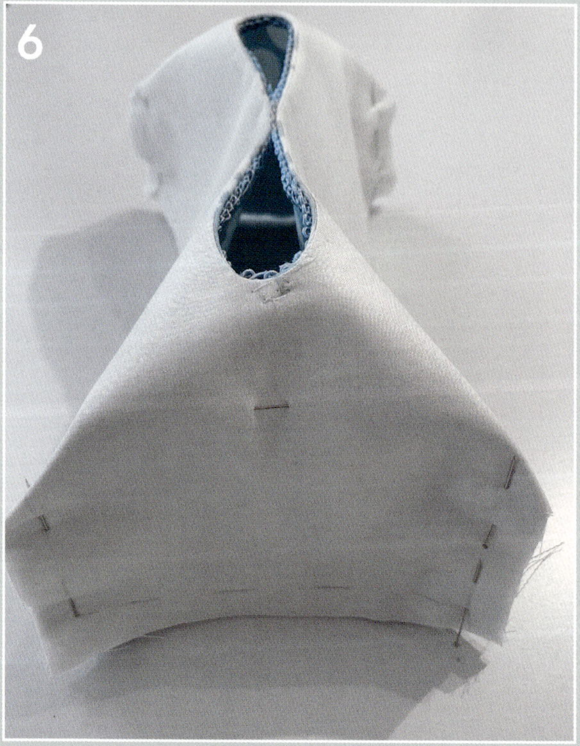
6

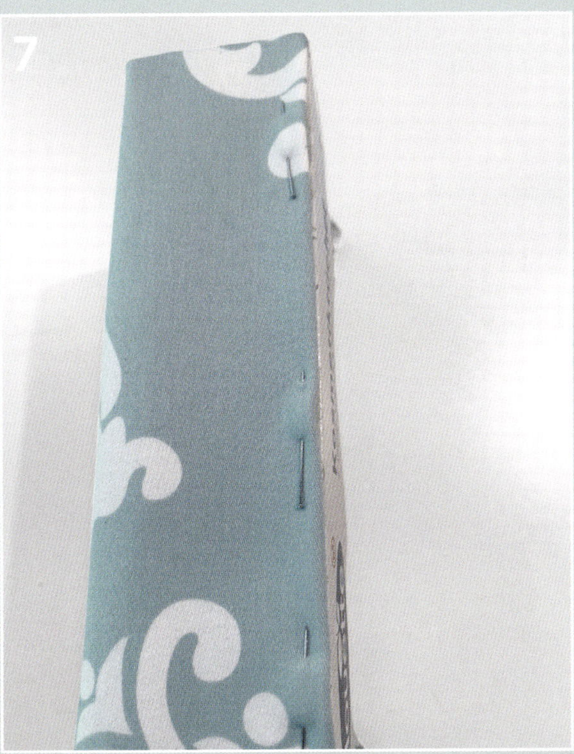

3. Den Stoff im Inneren des Ovals bis auf 0,5 cm vor die Naht wegschneiden und in den Rundungen bis kurz vor die Naht mehrmals einschneiden. Den Innenstoff durch das Loch ziehen und die Kante der Öffnung so bügeln, dass der Innenstoff außen nicht sichtbar ist. Ab jetzt Außen- und Innenstoff zusammen als eine Lage weiterverarbeiten.

4. Die Borte auf der Außenstoffseite rundum knapp neben der Kante auf die Öffnung stecken und eventuell mit ein paar Handstichen fixieren. Je nach Beschaffenheit der Borte die Enden vorher 1 cm einschlagen und von Hand umnähen. Nun die Borte aufnähen.

5. Jetzt den Papierschnitt auf den Innenstoff legen und die Nählinien übertragen. Damit die Stoffteile nicht verrutschen, die Lagen mit 3–4 Stecknadeln fixieren.

6. Die kurzen Geraden der Eckausschnitte jeweils rechts auf rechts aufeinanderlegen, an der Nählinie feststecken und nähen.

7. Die Nahtzugabe der unteren Kante mit einem Zickzackstich oder der Overlock-Maschine versäubern. Den Überzug über die Tücherbox ziehen und die Ecken schön ausformen. Die untere Kante nach innen einschlagen und so feststecken, dass sie genau mit der unteren Kante der Box abschließt.

8. Den Überzug nochmals von der Box abnehmen und den Umschlag der unteren Kante von rechts füßchenbreit feststeppen. Dann den Überzug final über die Tücherbox ziehen.

benefit

| CLAIRE |

PINSEL-MÄPPCHEN

GUT GESCHÜTZT, HÜBSCH VERSTAUT, PLATZSPAREND ZUSAMMENGEROLLT UND GRIFFBEREIT. FÜRS MAKE-UP – EIN ALLROUNDTALENT FÜR SAUBERE PUDERPINSEL UND SCHMINKSACHEN.

Größe: 35 cm breit, 20 cm hoch
Schwierigkeitsgrad: ✂

MATERIAL:

- Wachstuch für außen, gemustert, (hier Dekostoff Maude raspberry, matt beschichtet, von Clarke & Clarke), 40 x 25 cm
- Wachstuch für innen, gemustert, 40 x 25 cm
- Baumwollstoff für die Innentaschen, uni, 40 x 25 cm
- Volumenvlies, nicht aufbügelbar (z. B. Vlieseline® 249), 40 x 25 cm
- Schrägstreifen für die Bindebänder, 3 cm breit, 100 cm (oder 45 x 40 cm Stoff, wenn die Streifen selbst zugeschnitten werden)
- Vorgefalztes Schrägband, gemustert, 1 cm fertige Breite, 105 cm
- Stabile, längere Nähnadel
- Extra starkes Nähgarn (zum Wenden des Streifens)
- Farblich passendes Nähgarn
- Dünne Pappe für die Schablone, 10 x 9 cm

SCHABLONE: Bogen A | CLAIRE

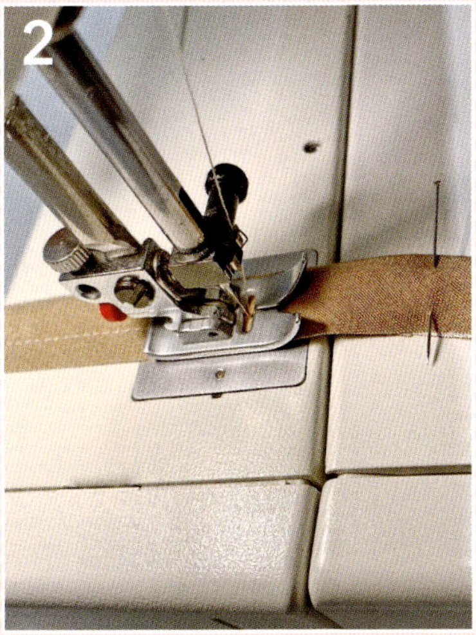

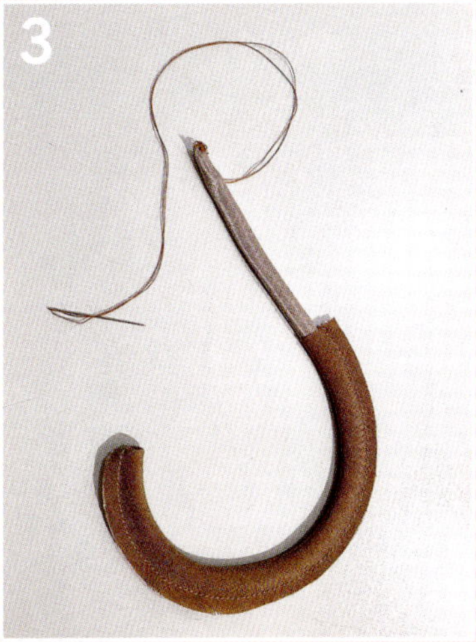

ZUSCHNEIDEN:

Die Schablone für die Rundungen dem Schnittbogen entnehmen und aus Pappe vorbereiten. Alle Teile nach den angegebenen Maßen zuschneiden, die Maße enthalten 1 cm Nahtzugabe.

Wachstuch für außen
Wachstuch für innen
Baumwollstoff
Volumenvlies
je 1x 35 x 20 cm

UND SO WIRD'S GEMACHT:

1. Alle Schnittteile zuschneiden. Gegebenenfalls für die Bindebänder zwei Streifen (50 x 3 cm) schräg zum Fadenlauf zuschneiden.

2. Die Streifen für die Bindebänder rechts auf rechts zur Hälfte falten und mit einer Nahtzugabe von 1 cm zu einem Tunnel nähen. Dabei nicht am Streifen ziehen, sondern diesen vorsichtig zur Nadel führen, damit er sich nicht ausdehnt.

3. Extra starkes Nähgarn in eine Nähnadel einfädeln, beide Enden miteinander verknoten und an einem Ende des Schlauches festnähen. Die Nadel, mit der Öse voran, bis ans Ende des Schlauches einführen, nach und nach das Band hindurchziehen und so den Schlauch wenden.

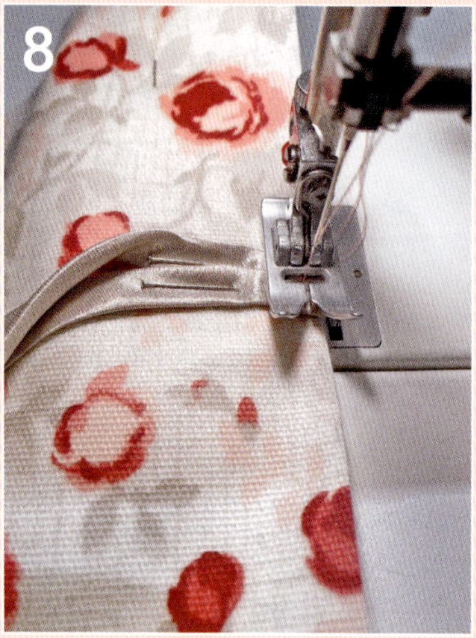

TIPP

Ein dünner Außenstoff kann mit aufbügelbarer Einlage (z. B. Vlieseline® H 200) verstärkt werden.

4. Die Bindebänder, mit der Naht an der Seite liegend, flach bügeln. Die Nahtzugaben an jeweils einem Ende mithilfe der Nadel nach innen stecken und festnähen.

5. Den Zuschnitt für die Innentaschen der Länge nach links auf links zur Hälfte falten und bügeln (dünneren Stoff zuvor mit Einlage verstärken).

6. Für die Taschenunterteilung mit Schneiderkreide beliebig breite Linien auf den Innentaschenstreifen zeichnen. Für das Pinselmäppchen „Claire" wurden die 35 cm so unterteilt: 5,0 cm – 2,5 cm – 2,5 cm – 2,5 cm – 5,0 cm – 5,0 cm – 2,0 cm – 3,5 cm – 2,0 cm – 5,0 cm. Nun die Innenseite des Pinselmäppchens mit der rechten Seite nach oben auf das Volumenvlies und darüber das Taschenteil legen. Die seitlichen und unteren Kanten aller Lagen treffen genau aufeinander. Alle Teile mit Nadeln zusammenstecken und die Taschenunterteilungen entlang der eingezeichneten Markierungen nähen. Die Nähte am Anfang und Ende verriegeln.

7. Dieses Teil nun links auf links auf die Außenseite legen, sodass alle Kanten aufeinander treffen. Die Teile in der Mitte aufeinanderstecken. Die Schablone für die Rundungen an jeder Ecke auflegen, Rundung einzeichnen und den Überstand abschneiden.

8. Auf der rechten Seite des Außenteils an einer seitlichen Kante die Mitte markieren, dort die beiden Bindebänder leicht überlappend feststecken und auf der Nahtzugabe annähen. Darauf achten, dass die Bänder ins Teil zeigen und die kurzen Kanten bündig mit den Schnittkanten liegen.

9. Die komplette Außenkante des Pinselmäppchens mit dem vorgefalzten Schrägband, an der Seitenkante gegenüber der Bindebänder beginnend, einfassen (siehe dazu auch Kuchentasche „Kaja", Schritt 9).

10. Wieder an der Seitenkante angekommen, das Ende 1 cm einschlagen und den Schrägbandanfang damit überdecken.

11. Zum Schluss das Schrägband eingefaltet auf die andere Stoffseite umlegen, die Nählinie knapp bedeckend feststecken und knappkantig aufnähen.

| LIV |

WÄRM-FLASCHEN-HÜLLE

SAG KALTEN FÜSSEN UND BAUCHWEH ADE – TEDDY-PLÜSCH, EIN GROSSES HERZ UND WOHLIGE WÄRME VERTREIBEN SIE NICHT NUR ZUVERLÄSSIG, SONDERN AUCH MIT STIL UND CHARME.

Größe: 21 cm breit, 35 cm hoch
Schwierigkeitsgrad: ✂

MATERIAL:

- Wärmflasche, ca. 19 x 34 cm
- Teddyplüsch, 50 x 45 cm
- Filz, 1 mm stark, 13 x 14 cm
- Farblich passendes Nähgarn

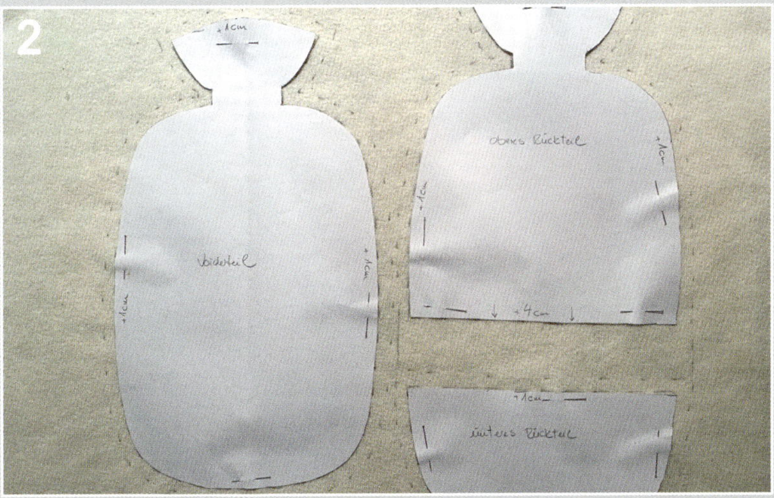

ZUSCHNEIDEN:

Die Papier-Schnittteile passend zur eigenen Wärmflasche anfertigen, siehe Schritte 1 und 2.

Teddyplüsch
1x Vorderteil
1x oberes Rückteil
1x unteres Rückteil

Filz
1x Herz nach Belieben

UND SO WIRD'S GEMACHT:

1. Die Wärmflasche auf Papier legen und die Umrisse rundherum 1 cm größer einzeichnen (am Flaschenhals beidseitig 1,5 cm Mehrweite einzeichnen). Den Papierschnitt einmal für das Vorderteil und einmal für das Rückteil anfertigen.

2. Für den Hotelverschluss auf dem Rückteil 10 cm vom unteren Rand entfernt eine Querlinie einzeichnen und an dieser den Schnitt zerschneiden. Die drei Schnittteile auf den Teddystoff stecken, an allen Kanten 1 cm Nahtzugabe, jedoch an der unteren Kante des oberen Rückteils 4 cm Nahtzugabe einzeichnen. Die Nählinien auf den Stoff übertragen und alle Teile zuschneiden.

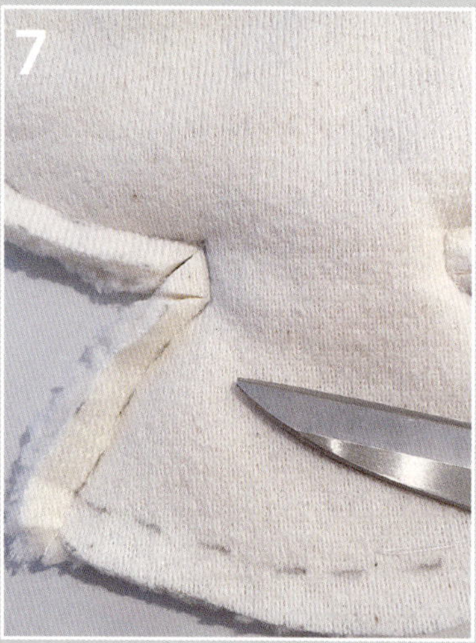

INFO

Hotelverschluss heißt der verdeckte, mit Überlappung gearbeitete Schlitz auf der Rückseite, durch den du die Wärmflasche unkompliziert einlegen und wieder rausnehmen kannst.

3. Das Filzherz auf die Mitte des Vorderteils stecken und mit einem kleinen Zickzackstich applizieren – dabei sollte abwechselnd je ein Stich im Filz und der andere direkt neben dem Filz einstechen.

4. Die untere Kante des oberen Rückteils 1 cm nach links umschlagen, feststecken und mit einem mittleren Zickzackstich festnähen. So ist die Kante gleich auch versäubert. Genauso mit der oberen Kante des unteren Rückteils verfahren.

5. Für den Hotelverschluss der Rückseite nun die Rückteile aufeinanderlegen, sodass das obere Rückteil mit einem Übertritt von 3 cm auf dem unteren Rückteil liegt, die beiden Teile feststecken. Jetzt sollten Vorder- und Rückteil gleich groß sein.

6. Vorderteil und zusammengesteckte Rückteile rechts auf rechts aufeinanderlegen, an der eingezeichneten Nählinie stecken und – bis auf die obere Flaschenhalskante – mit Geradstich zusammennähen.

7. Beim Flaschenhals die Nahtzugaben an den Ecken bis kurz vor die Naht einschneiden.

8. Die Nahtzugaben der verstürzten Kanten auf 0,5 cm zurückschneiden und mit einem mittleren Zickzackstich oder der Overlock-Maschine versäubern.

9. Jetzt die Hülle auf rechts wenden, die oberen Flaschenhalskanten 1 cm nach links umlegen, stecken und mit einem mittleren Zickzackstich festnähen. Zuletzt die Hülle über die Wärmflasche ziehen.

INFO

„Applizieren" bezeichnet das Aufnähen einzelner Motive aus Stoff, Leder, Filz o. Ä. auf einen anderen Stoff. Dies kann mit Handstichen oder mit einem klein eingestellten Zickzackstich der Nähmaschine ausgeführt werden.

F
R
I

KINDERZIMMER

NÄHEN FÜR DIE KLEINEN MACHT SPASS! ES DARF BUNT UND LUSTIG WERDEN, DIE MINIS FREUEN SICH UND SPIELERISCHES AUFRÄUMEN IST GANZ NEBENBEI AUCH NOCH DRIN.

| PAULINE |

BUCH-STABEN KISSEN

SO EIN LIEBEVOLL SELBSTGENÄHTER ANFANGSBUCHSTABE ZUM KUSCHELN IST EIN WUNDERBARES GESCHENK ZUR GEBURT ODER TAUFE. FUNKTIONIERT FÜRS GANZE ALPHABET!

Größe: 25 cm breit, 39 cm hoch, 7 cm tief
Schwierigkeitsgrad: ✂ ✂ ✂

MATERIAL:

- Baumwollstoff für die Vorder- und Rückseite, gemustert, hier je 42 x 27 cm
- Baumwollstoff für den Seitenstreifen außen, gemustert, 125 x 9 cm (der Streifen kann natürlich aus mehreren Stücken zusammengesetzt werden)
- Baumwollstoff für den Seitenstreifen innen, gemustert, 45 x 9 cm
- Füllwatte
- Farblich passendes Nähgarn

SCHNITTTEIL: Bogen B | PAULINE

VORBEREITEN:

Beispielhaft ist im Folgenden die Ausführung für ein „P" beschrieben. Das Schnittteil dem Bogen entnehmen, es enthält keine Nahtzugabe. Einen anderen Buchstaben in beliebiger Größe als Schablone aus Papier vorbereiten. Die Maße der Seitenstreifen variieren dann je nach gewähltem Buchstaben.

UND SO WIRD'S GEMACHT:

1. Die Schablone auf den Stoff legen, Nählinien aufzeichnen und den Buchstaben einmal seitenrichtig und einmal gegengleich mit 1 cm Nahtzugabe zuschneiden (am Buchstabenloch ebenfalls 1 cm Nahtzugabe nach innen zugeben). Die Außenkanten des Buchstabens ausmessen, der Gesamtlänge 5 cm zugeben und den Seitenstreifen in dieser Länge und 9 cm breit zuschneiden. Es ist hübsch, wenn, wie hier, die Strichstärke des Buchstabens und die Breite des Seitenstreifens identisch sind (7 cm Strichstärke + 2 cm Nahtzugabe). Für das Loch (falls im Buchstaben vorhanden) die Innenkante ausmessen, der Gesamtlänge 5 cm zugeben und den Streifen ebenso mit einer Breite von 9 cm zuschneiden.

2. Je nach Buchstabe müssen nun Außenecken, Innenecken oder Löcher genäht werden. Bei dem „P" z. B. an der linken unteren Ecke mit einer langen geraden Kante und sich anschließender Außenecke beginnen. Diese ist am leichtesten zu nähen, wenn der Seitenstreifen beim Nähen oben liegt. Den Streifen rechts auf rechts an die erste lange gerade Kante der Buchstabenvorderseite legen (nicht stecken), dabei 5 cm am Anfang überstehen lassen. Die Naht beginnt an der Nählinienecke (Nahtzugabe offen lassen).

3. Nun bis zum nächsten Eckpunkt nähen. Die Naht stoppt immer 1 cm vor der Kante. Zum sicheren Drehen in der Ecke die Nadel im Stoff eingestochen lassen und die Nahtzugabe des Streifens schräg, bis kurz vor die Nahtlinie, einschneiden.

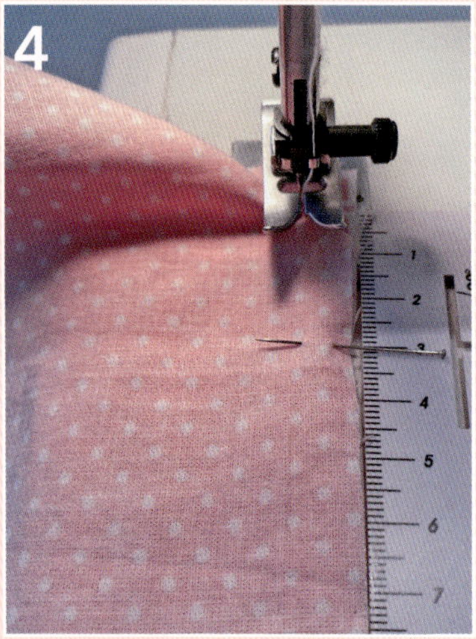
4

5

6

7

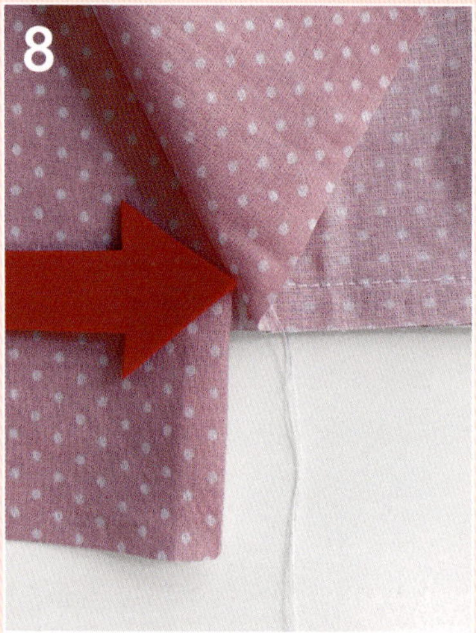
8

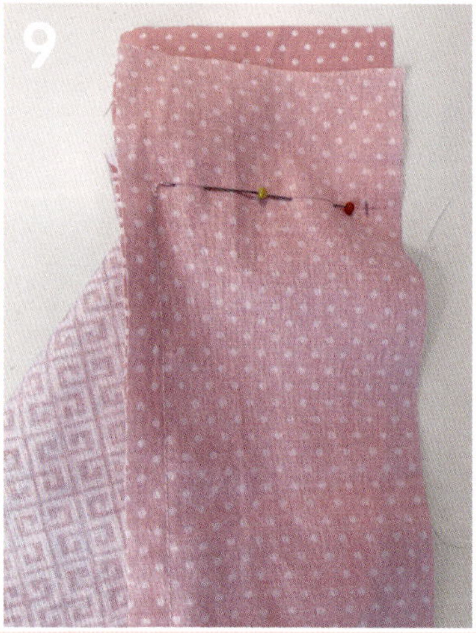
9

10

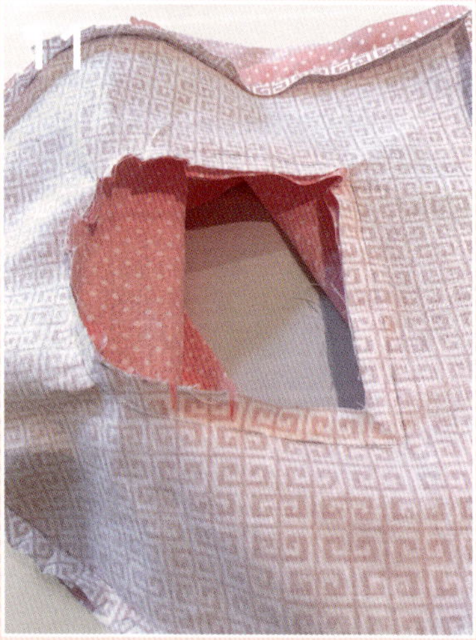
11

12

4. Das gesamte Nähgut um 90° nach links drehen und den Streifen so legen, dass die Kanten der nächsten Strecke wieder bündig aufeinandertreffen, ca. 3 cm weiternähen und verriegeln.

5. Für das „P" muss nun eine Rundung genäht werden. Diese kann am leichtesten von der Oberstoffseite aus genäht werden, daher nun das Nähgut umdrehen. Genau an der zuvor beendeten Naht mit einer Verriegelung neu beginnen, dann die Kante des Oberstoffes in der Rundung Stich für Stich bündig an der Kante des untenliegenden Streifens anlegen und langsam entlang der eingezeichneten Nählinie annähen. Zur Sicherheit können Stück für Stück eine oder zwei Nadeln gesteckt werden.

6. Am Ende der Rundung für die nachfolgende Innenecke exakt bis zum eingezeichneten Eckpunkt nähen.

7. Die Nadel in der Ecke einstechen, das Nähfüßchen anheben und nun nicht den Streifen, sondern das Buchstabenvorderteil bis kurz vor die Naht der Innenecke einschneiden. Nun das Buchstabenvorderteil so drehen, dass die Kanten der nächsten Strecke wieder bündig aufeinanderliegen und bis ca. 3 cm vor die nächste Außenecke weiternähen.

8. Für die Außenecke das Nähgut wieder umdrehen, sodass der Seitenstreifen jetzt oben liegt, und wie unter Punkt 2, 3 und 4 erklärt weiternähen. Die letzte kleine Gerade des Buchstabens bis zum Beginn der ersten Naht nähen und verriegeln.

9. Die beiden Enden des Streifens rechts auf rechts legen und im rechten Winkel zur Naht von Eckpunkt bis Eckpunkt zusammennähen.

10. Die Nahtzugaben an allen Außenecken schräg, bis kurz vor die Naht, abschneiden, an den Rundungen einschneiden und an der Streifennaht auf 1 cm kürzen. Anschließend die Nahtzugaben so weit wie möglich auseinanderbügeln.

11. Für das Buchstabenloch den zweiten Streifen rechts auf rechts unter die gerade Seite der Buchstabenvorderseite legen, dabei 5 cm des Streifens überstehen lassen (die Buchstabenvorderseite liegt beim Nähen oben).
    Nun, wie unter Punkt 5, 6 und 7 erklärt, und in einer eingezeichneten Innenecke beginnend, die Innenecken und die Rundung nähen. Auch hier die Nahtzugaben an den Ecken und Rundungen einschneiden. Anschließend die beiden Enden des Streifens, wie unter Punkt 10 erklärt, verbinden.

12. Damit die Rückseite passgenau mit der Vorderseite auf dem Seitenstreifen zu liegen kommt, die Ecken auf die noch zu nähende Seite des Streifens mit einem 0,5 cm tiefen Knips übertragen.

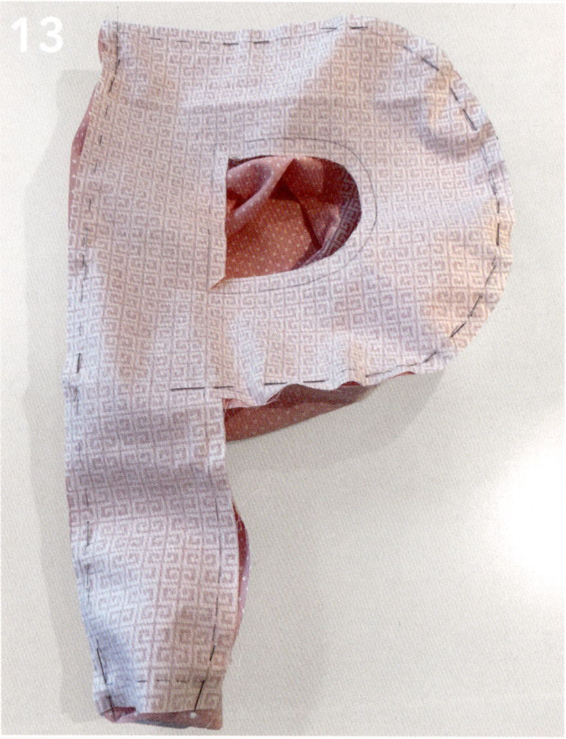
13

14

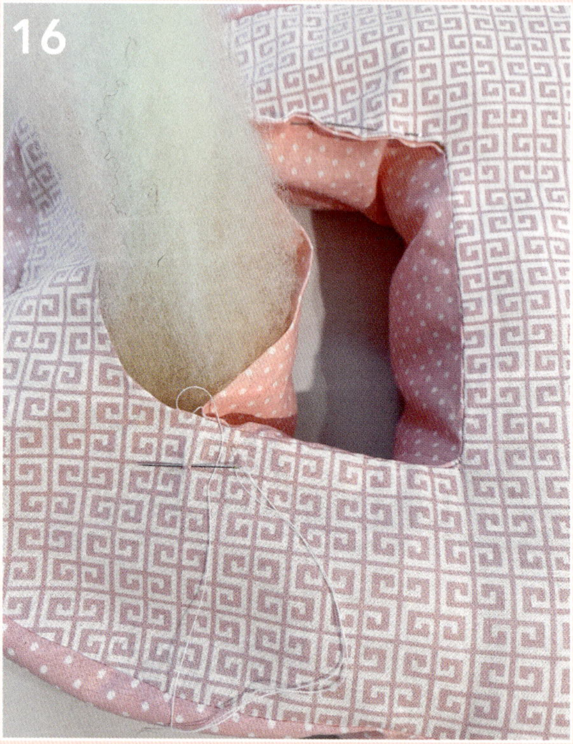
16

13. Die Buchstabenrückseite rechts auf rechts auf den Seitenstreifen legen (die Knipse müssen auf die jeweiligen Ecken passen) und ringsherum genau wie bei der Buchstabenvorderseite zusammennähen. Das Loch bleibt jedoch zum Wenden offen. Mit den Nahtzugaben wie bei der Buchstabenvorderseite verfahren.

14. Den Buchstaben durch das offene Loch wenden.

15. Die Nahtzugabe der offenen Kanten am Loch, sowohl an der Buchstabenrückseite als auch am Seitenstreifen an der Rundung 0,5–0,7 cm einknipsen und nach innen umbügeln.

16. Den Buchstaben ein Stück weit mit Füllwatte füllen. Die Nahtzugaben am Loch, in einer Ecke beginnend, aufeinanderstecken und zur Hälfte mit dem Matratzenstich zunähen. Weiter im Wechsel füllen und zunähen, bis der Buchstabe komplett gefüllt und die Naht vollständig geschlossen ist.

TIPP

Je größer der Buchstabe,
desto leichter ist er zu nähen.

| TONI |

TÜR-STOPPER

WIN-WIN-SITUATION: DIE KIDS FREUEN SICH ÜBER DIE KNUFFIGE EULE, DIE BEI IHNEN WOHNT, UND DU HAST RUHE VOR KNALLENDEN, AN DIE WAND SCHLAGENDEN TÜREN!

Größe: 18 cm breit, 21 cm hoch
Schwierigkeitsgrad: ✂

MATERIAL

- Jeansstoff (z. B. von einer ausgedienten Jeanshose), 40 x 25 cm
- Baumwollstoff 1 für den Bauch, gemustert, 13 x 13 cm
- Baumwollstoff 2 für den Augenuntergrund, gemustert, 12 x 8 cm
- Unterschiedlich farbiger Filz für Kleinteile (Innenaugen, Pupillen, Schnabel, Füße, Flügel), 1 mm stark
- Etwas Füllwatte für die Ohren
- Reis zum Füllen des Körpers
- Farblich passendes Nähgarn

SCHNITTTEILE: Bogen A | TONI

ZUSCHNEIDEN:

Am Körper rundum 1 cm Nahtzugabe zugeben, alle anderen Teile ohne Nahtzugabe zuschneiden.

Jeansstoff
2x Körper

Baumwollstoff 1
1x Bauch

Baumwollstoff 2
1x Augenuntergrund

Filz
2x Innenauge, 2x Pupille, 1x Schnabel, 2x Flügel, 2x Fuß

UND SO WIRD'S GEMACHT:

1. An einem Körperteil die Nählinie mit Schneiderkreide oder Bleistift einzeichnen. Ebenso auf die beiden Flügel die Nählinie übertragen.

2. Die Schnittmarkierungen auf das Körperteil übertragen.

3

4

5

TIPP

Ein dünner Jeansstoff kann mit aufbügelbarer Einlage (z. B. Vlieseline® H 200) verstärkt werden.

3. Den Bauch der Eule, wie im Schnitt eingezeichnet, auf die rechte Seite des Vorderteils stecken und mit einem mittleren Zickzackstich und farbig passendem Garn aufnähen.

4. Genauso mit dem Augenuntergrund verfahren. Anschließend die Innenaugen, die Pupillen und den Schnabel entweder auch mit einem Zickzackstich aufnähen oder mit Alleskleber aufkleben.

5. Nun die Füße Kante auf Kante und rechts auf rechts am unteren Rand des Vorderteils an die Markierungen legen und feststecken. Die Flügel seitlich rechts auf rechts an die Markierungen legen und feststecken – auf die gegensätzlich gerundete Nählinie der Flügel achten. Die Füße und Flügel zeigen nun in den Eulenkörper hinein. Beide Körperteile rechts auf rechts aufeinanderstecken. Die Außenkanten mit einer Nahtzugabe von 1 cm und einem Geradstich nähen, dabei an einer seitlichen Kante die Wendeöffnung lassen (siehe Markierungen). Nahtanfang und -ende gut verriegeln.

6. Nahtzugaben auf 0,5 cm zurückschneiden. An den Ohren und Außenrundungen kleine Dreiecke bis kurz vor die Naht herausschneiden und an innenliegenden Rundungen und Ecken die Nahtzugabe ein-/abschneiden. So legen sich später die Kanten besser in Form.

7. Jetzt die Eule wenden und alle Rundungen und Ecken sorgfältig in Form bringen. Füllwatte in die Ohrenspitzen und den Kopf stecken und den restlichen Körper prall mit Reis füllen. Zuletzt die Öffnung mit dem Matratzenstich von Hand zunähen.

| JOSEPHINE |

ECKIGES UTENSILO

SO MACHST DU ORDNUNG HALTEN ZUM KINDERSPIEL! BAUKLÖTZE, KUSCHELTIERE & CO FLIEGEN SCHNELL IN DIE OFFENEN BOXEN UND SIND DOCH FÜRS NÄCHSTE MAL GLEICH GRIFFBEREIT.

Größe: Modell A 16 cm breit, 15 cm hoch, 16 cm tief
Modell B 20 cm breit, 27 cm hoch, 20 cm tief
Schwierigkeitsgrad: ✂

MATERIAL:

Modell A (mit Umschlag; 15 cm hoch)

- Wachstuch für außen, gemustert, (hier Dekostoff Cycles cream, matt beschichtet, von Clarke & Clarke), 70 x 30 cm
- Baumwollstoff für innen, gemustert, 70 x 30 cm
- Aufbügelbares Volumenvlies (z. B. Vlieseline® H 640), 65 x 27 cm
- Farblich passendes Nähgarn

Modell B (mit Schrägstreifen; 27 cm hoch)

- Wachstuch für außen, gemustert, (hier Dekostoff Cycles cream, matt beschichtet, von Clarke & Clarke), 90 x 42 cm
- Baumwollstoff für innen, gemustert, 90 x 42 cm
- Aufbügelbares Volumenvlies (z. B. Vlieseline® H 640), 85 x 40 cm
- Vorgefalztes Schrägband, 1 cm fertige Breite, 87 cm
- Farblich passendes Nähgarn

SCHNITTTEILE: Bogen A | JOSEPHINE

ZUSCHNEIDEN:

Das Schnittteil enthält 1 cm Nahtzugabe.

Modell A
Wachstuch für außen
Baumwollstoff für innen
je 2x das Schnittteil im Stoffbruch, inklusive Nahtzugaben

Volumenvlies
2x das Schnittteil im Stoffbruch, ohne Nahtzugaben

Modell B
Wachstuch für außen
Baumwollstoff für innen
je 2x das Schnittteil im Stoffbruch, inklusive Nahtzugaben

Volumenvlies
2x das Schnittteil im Stoffbruch, an der oberen Kante mit Nahtzugabe, an allen restlichen Kanten ohne Nahtzugaben

UND SO WIRD'S GEMACHT:

Modell A

1. Außen- und Innenteile sowie Volumenvlies zuschneiden. Volumenvliese auf die beiden Innenstoffteile bügeln.

2. Die obere Kante von einem Außenstoff- und einem Innenstoffteil rechts auf rechts aufeinander stecken und mit 1 cm Nahtzugabe nähen. Mit dem zweiten Außenstoff- und dem zweiten Innenstoffteil gleichermaßen vorgehen.

3. Die Nahtzugaben auseinanderbügeln. Bei beschichteten Stoffen, wie dem Wachstuch, unbedingt ein Tuch auflegen.

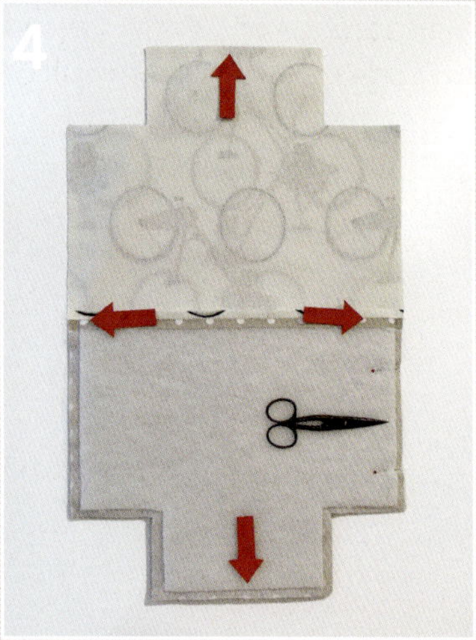

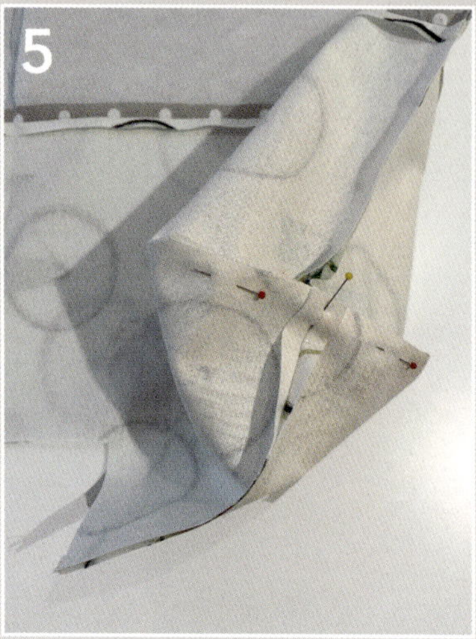

AB HIER:
MODELL B

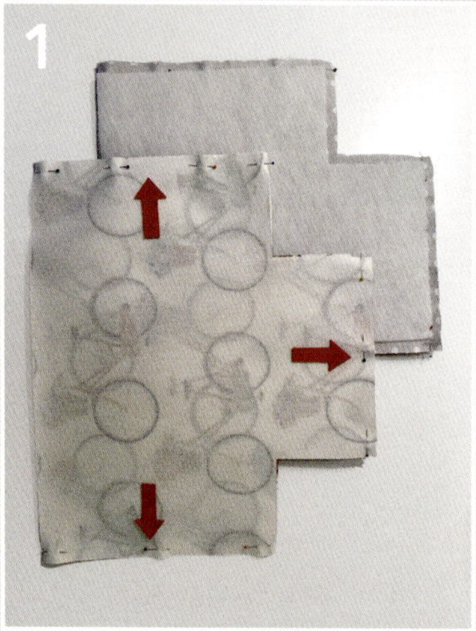

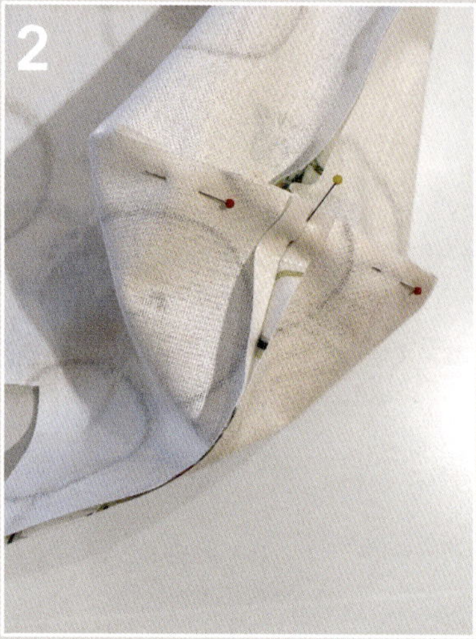

4. Nun die zusammengenähten Stoffteile rechts auf rechts aufeinanderstecken, dabei liegen die eben geschlossenen Nähte übereinander, Wachstuch auf Wachstuch und Baumwollstoff auf Baumwollstoff. Mit 1 cm Nahtzugabe die Lagen an den seitlichen Kanten und den Bodenkanten zusammennähen (die Eckausschnitte bleiben noch offen). Zum späteren Wenden an einer seitlichen Kante der Baumwollstoffteile eine 12 cm lange Öffnung frei lassen. Alle Nahtzugaben auseinanderbügeln.

5. Die Eckausschnitte jetzt so legen, dass die beiden Nähte in der Mitte rechts auf rechts aufeinandertreffen und eine gerade Kante entsteht. Diese Strecke stecken und nähen – die Nahtzugaben der zuvor genähten Nähte werden dabei auseinander geklappt. Alle vier Ecken nach diesem Prinzip schließen, dann das Utensilo durch die Öffnung wenden.

6. Die Wendeöffnung von Hand mit dem Matratzenstich zunähen. Das Innenteil in das Außenteil stecken. Die obere Kante im Nahtbruch bügeln und 3 cm nach außen umklappen.

Modell B

1. Außen- und Innenteile sowie Volumenvlies zuschneiden. Volumenvliese auf die beiden Innenstoffteile bügeln. Die beiden Außenstoffteile rechts auf rechts legen, an den Seiten und der unteren Kante aufeinanderstecken, nähen und die Nähte auseinanderbügeln. Mit den Innenstoffteilen gleichermaßen vorgehen.

2. Die Eckausschnitte jetzt so aufklappen, dass die beiden Nähte in der Mitte rechts auf rechts aufeinandertreffen und eine gerade Linie entsteht. Diese Strecke stecken und mit einer Nahtzugabe von 1 cm nähen – die Nahtzugaben der zuvor genähten Nähte werden dabei auseinander geklappt. Alle vier Ecken nach diesem Prinzip schließen. Die Nahtzugaben so weit wie möglich auseinanderbügeln.

3. Das Außenteil nun wenden, sodass die rechte Seite außen liegt. Das Innenteil, mit der linken Seite außen, in das Außenteil stecken. Die seitlichen Nähte liegen exakt aufeinander. Die oberen Kanten aufeinanderstecken und zur Fixierung 0,5 cm von der Schnittkante entfernt zusammennähen.

4. Das vorgefalzte Schrägband der Länge nach zur Hälfte bügeln. Dann, an einer seitlichen Naht des Utensilos beginnend, um die obere Kante legen und feststecken. Das Ende des Schrägbandes 1 cm eingeschlagen über den Anfang legen und gut feststecken. Zuletzt das Schrägband rundherum knappkantig festnähen.

F
R
I

| FRIDA |

WIMPEL-GIRLANDE

AUS KUNTERBUNT ZUSAMMENGESTELLTEN STOFFRESTEN ENTSTEHT EINE INDIVIDUELLE DEKO FÜRS KINDERZIMMER, DIE FRISCHEN WIND UND FRÖHLICHKEIT MITBRINGT!

Größe: Wimpel 18 cm breit, 20 cm hoch
Schwierigkeitsgrad: ✂

MATERIAL

- Stoffe für die Vorderseiten, bunt gemustert, pro Wimpel 20 x 22 cm (Wimpelgirlande „Frida" hat 11 Wimpel)
- Stoffe für die Rückseiten, uni, pro Wimpel 20 x 22 cm
- Filz für die Buchstaben, Menge je nach Buchstabengröße und Anzahl
- Bommel-Bordüre, Buchstabenanzahl x 7 cm
- Vorgefalztes Schrägband, 1 cm fertige Breite, 4 m
- Buchstabenvorlagen aus Papier, 8 cm hoch
- Farblich passendes Nähgarn

SCHNITTTEIL: Bogen A | FRIDA

ZUSCHNEIDEN:

Das Schnittteil enthält 1 cm Nahtzugabe.

Stoff für die Vorderseiten
Pro Wimpel je 1x das Schnittteil

Stoff für die Rückseiten
Pro Wimpel je 1x das Schnittteil

Filz
Die gewünschten Buchstaben aus Filz zuschneiden.

UND SO WIRD'S GEMACHT:

1. Die Buchstaben mittig auf die rechte Seite der gewünschten Vorderseiten stecken – 4,5 cm von der oberen Kante entfernt.

2. Die Buchstaben mit farblich auf den Filz abgestimmtem Nähgarn mit einem Zickzackstich der Länge 1 applizieren. Am schönsten sieht es aus, wenn ein Stich auf dem und ein Stich direkt neben dem Filz einsticht. In den Rundungen in kurzen Abständen, bei im Stoff steckender Nadel, den Nähfuß anheben und den Stoff etwas drehen. Dann den Nähfuß herunterlassen und weiternähen.

3

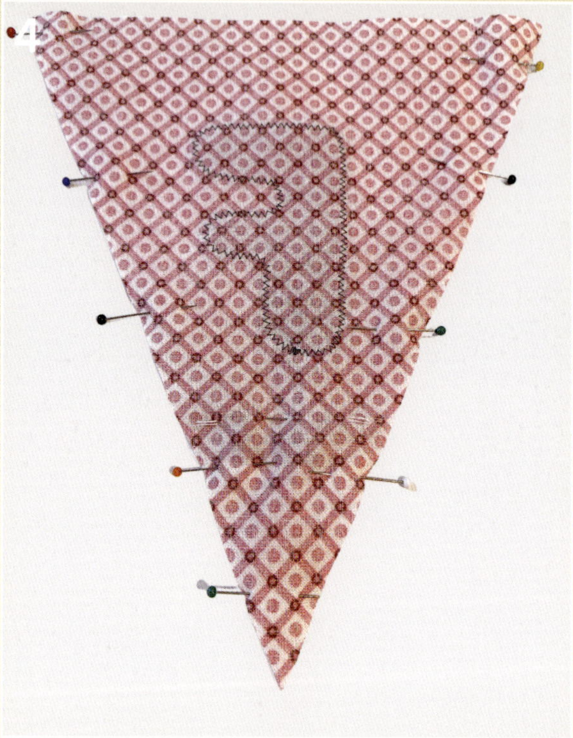
4

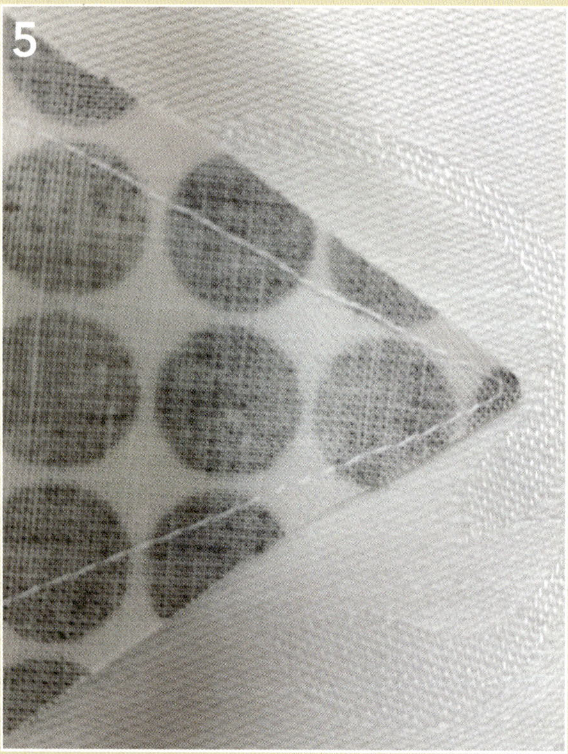
5

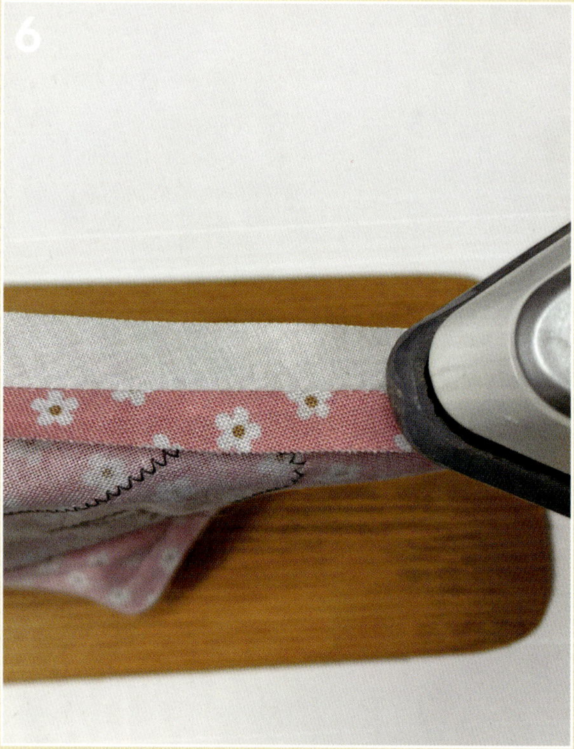
6

3. Ein Stück Bommel-Bordüre auf der rechten Stoffseite unterhalb des Buchstabens feststecken und an den Rändern mit wenigen Handstichen fixieren.

4. Für alle Wimpel die Vorderseiten rechts auf rechts auf die Rückseiten stecken. Beide schrägen Kanten mit einer durchgehenden Naht steppen, dabei an der Spitze einen (!) Stich quer nähen. Die obere Kante offenlassen.

5. An der Spitze der Wimpel die Nahtzugaben zurückschneiden.

6. Die Nahtzugaben der schrägen Kanten so weit wie möglich auseinanderbügeln. Dann die Wimpel wenden, die Spitze vorsichtig ausformen und die Kanten im Nahtbruch flach bügeln.

7. Nun das Schrägband an den beiden Enden auffalten und diese 1 cm einschlagen, Enden wieder einfalten und das Schrägband ab den Enden jeweils auf einer Strecke von 1 m aufeinanderstecken. Zwischen diesen Strecken die Wimpel anordnen, mit den oberen Kanten bis zur Mittelfalz zwischen das Schrägband schieben und feststecken – die Wimpelecken stoßen aneinander. Die langen Kanten des Schrägstreifens in einer durchgehenden Naht zusammennähen, dabei die Wimpel mitfassen.

| FRITZ |

WAND-UTENSILO

ENDLICH IST SCHLUSS MIT DEM CHAOS AUF DEM SCHREIBTISCH UND STIFTE, BASTELSCHERE UND KLEBER SIND STETS AN IHREM PLATZ!

Größe: 35 cm breit, 65 cm hoch
Schwierigkeitsgrad: ✂ ✂

MATERIAL:

- Filzplatte, 3–4 mm stark, 35 x 65 cm
- Baumwollstoff 1, 20 x 20 cm
- Baumwollstoff 2, (hier Dekostoff Shooting Stars mineral von Clarke & Clarke), 150 x 30 cm
- Jeanstaschen (z. B. von ausgedienten Jeans abtrennen), 2 Stück
- Filzrest für den Buchstaben, ca. 12 x 12 cm
- Gurtband, 4 cm breit, 39 cm
- Vorgefalzte Schrägbänder, unterschiedlich gemustert, 1 cm fertige Breite: 9 cm, 37 cm und 204 cm lang
- Aufbügelbare Einlage, (z. B. Vlieseline® H 200), 60 x 60 cm
- Jeansnadel oder stabile Nähmaschinenadel (Stärke 100)
- Kleiderbügel mit Querstange
- Farblich passendes Nähgarn

ZUSCHNEIDEN:

Alle Teile nach den angegebenen Maßen zuschneiden, die Maße enthalten 1 cm Nahtzugabe.

Baumwollstoff 1
2x schmale Tasche, 9 x 18 cm

Baumwollstoff 2
2x untere Tasche, 35 x 11 cm
4x Tasche mit Falten, 22 x 17 cm
3x Aufhänger, 36 x 6 cm

Einlage
2x schmale Tasche, 9 x 18 cm
2x untere Tasche, 35 x 11 cm
4x Tasche mit Falten, 22 x 17 cm
3x Aufhänger, 36 x 6 cm

UND SO WIRD'S GEMACHT:

1. Alle Taschenteile (außer die Jeanstaschen) mit Einlage verstärken. Den gewünschten Buchstaben aus dem Filzrest ohne Nahtzugabe zuschneiden.

2. Für die untere Tasche beide Zuschnitte links auf links zusammenstecken, das Schrägband um die obere Kante stecken und knappkantig festnähen (darauf achten, dass auch auf der Rückseite die Kante des Schrägbandes – möglichst in gleichem Abstand – mitgefasst wird). Siehe auch Seite 13, Kuchentasche Kaja, Schritt 9.

3

4

5

6

7

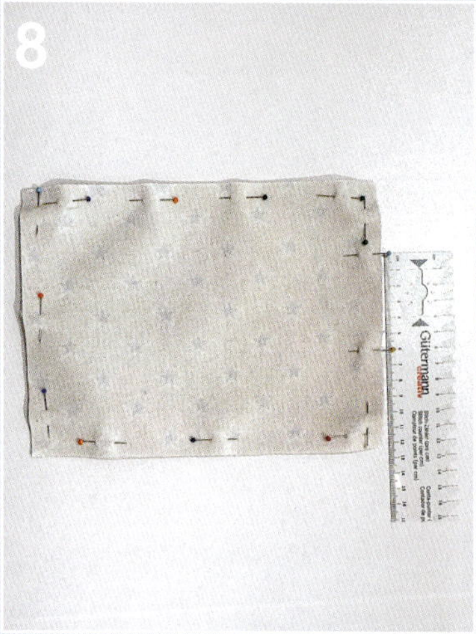
8

9

10

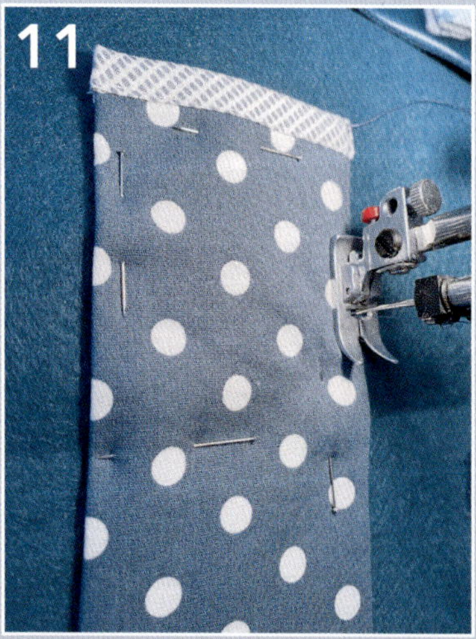
11

3. Die untere Tasche mit den offenen Kanten kantenbündig auf das untere Ende der Filzplatte stecken. Die vier Ecken des Utensilos (Filzplatte + untere Tasche) mit der Schere abrunden – damit die Rundungen gleichmäßig werden, diese z. B. mithilfe einer großen Garnrolle anzeichnen. Das 204 cm lange Schrägband aufklappen und die rechte Seite Kante auf Kante auf den Filz stecken (den Anfang dabei 1 cm nach links einschlagen). Genau im ersten Falzbruch das Schrägband annähen. In den Rundungen bei eingestochener Nadel den Nähfuß hochstellen, das Nähgut etwas drehen, den Nähfuß wieder absetzen und langsam Stich für Stich weiternähen. Dies eventuell wiederholen.
   Am Anfang wieder angekommen das Schrägbandende 1 cm weit über den Anfang legen und ggf. auf diese Länge kürzen.

4. Die Nahtzugaben auf 0,7 cm zurückschneiden, das Schrägband einfalten und auf die Rückseite umlegen, die Naht knapp bedeckend feststecken und knappkantig von der rechten Seite aufnähen.

5. Die Breite der Tasche dritteln, drei Längslinien mit Nadeln markieren und daran entlang durch alle Stofflagen hindurchnähen.

6. Für die schmale Tasche die Rechtecke verstürzen: beide Stoffteile rechts auf rechts aufeinanderstecken und an beiden Längskanten und der unteren Kante mit 1 cm Nahtzugabe rundherum zusammennähen. Die Nahtzugaben der Ecken schräg abschneiden.

7. Die Tasche wenden und die oberen Kanten zusammengefasst mit dem 9 cm langen Schrägband einfassen. Dabei zuvor am Schrägband Anfang und Ende 1 cm einschlagen und dann das Schrägband annähen.

8. Für die Taschen mit Falten je zwei Schnittteile rechts auf rechts aufeinanderstecken und rundherum alle vier Kanten – bis auf eine Wendeöffnung von 6 cm an einer Seite – zusammennähen. Nahtzugaben an den Ecken schräg, bis knapp vor die Naht abschneiden. Dann die Tasche durch die Öffnung wenden und die Kanten flach bügeln. Die Nahtzugaben der Öffnung nach innen einschlagen. (Die Öffnung wird beim Annähen der Tasche auf den Filz mit geschlossen.)

9. Für die Taschentiefe nun an beiden Taschenteilen die Falten bügeln. Dazu eine Tasche hinlegen, die rechte Kante zuerst 2 cm breit nach rechts (also nach oben) und dann diese Bruchkante 2 cm breit nach links (also nach unten) falten. Die Faltungen mit Dampf bügeln. Die linke Kante identisch vorbereiten.

10. Das Gurtband an den Enden mit einem Zickzackstich versäubern und die Enden jeweils 2 cm umbügeln. Alle Taschen und das Gurtband (wie auf dem Bild oder individuell gestaltet) auf dem Filz anordnen und provisorisch feststecken oder die Positionen markieren.

11. Die schmale Tasche an beiden Längskanten und der unteren Kante knappkantig aufnähen. Nahtanfang und -ende gut verriegeln.

TIPP

Am einfachsten kommt eine Jeansnadel oder eine stabilere Nähmaschinennadel (z. B. Stärke 100) durch die dicken Schichten hindurch.
Sollte die Nadel dennoch schwer durch die Stoffschichten gehen, kann manuelles Drehen mit dem Handrad helfen. An den Taschenecken die Nadel im Stoff lassen, den Nähfuß anheben und den Stoff in die neue Nährichtung drehen. Dann den Nähfuß wieder absetzen und weiter nähen.

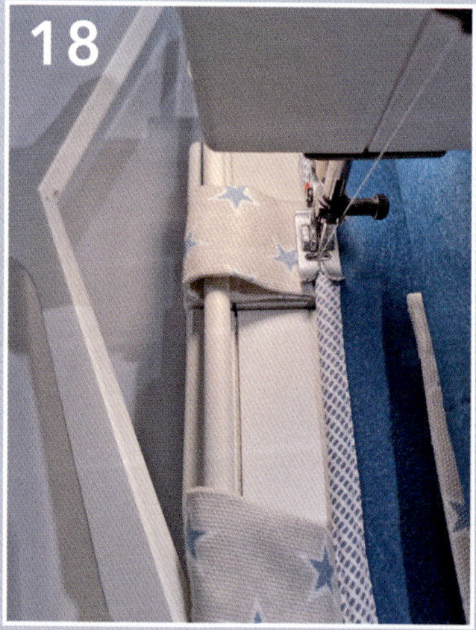

12. Die Jeanstaschen ebenso aufnähen (siehe dazu den Tipp), jedoch die seitlichen Kanten der Jeanstaschen jeweils parallel zur Utensilokante feststecken. Dadurch liegt die obere Kante nicht ganz flach auf, sondern es entsteht eine leichte Wölbung.

13. Das Gurtband an beiden Enden 2 cm weit um die Utensilokante auf die Rückseite legen und feststecken, dann von rechts in der Naht des Schrägbandes durchnähen. Zwischen den Nähten nun alle 5,5 cm Nadeln stecken und entlang dieser fünf Markierungen das Gurtband aufnähen. Nahtanfang und -ende wieder sorgfältig verriegeln.

14. Bevor die Taschen mit seitlichen Falten aufgenäht werden, den Filzbuchstaben auf eine der Taschen applizieren. Hierzu den Buchstaben in der Taschenmitte aufstecken und rundherum mit einem kleinen Zickzackstich aufnähen. In den Rundungen langsam Stich für Stich nähen und gegebenenfalls zum Drehen den Nähfuß anheben.

15. Die Taschen mit seitlichen Falten in eingefaltetem Zustand in Position legen. An einer Tasche nun zuerst die obere Falte der rechten Taschenkante hochklappen und die darunterliegende Kante knappkantig auf den Filz nähen. Ebenso an der linken Taschenkante vorgehen.

16. Dann die Falten wieder einlegen und alle Schichten an der unteren Kante zusammengefasst aufnähen. Hierbei kann es sein, dass die Nadel nur sehr schwer durch alle Stofflagen geht und mit dem Handrad nachgeholfen werden muss.

17. Die Streifen für die Aufhänger jeweils der Länge nach rechts auf rechts zur Hälfte falten, aufeinanderstecken und mit einer Nahtzugabe von 1 cm die beiden Längskanten und die untere kurze Kante nähen. Die Streifen wenden, bügeln und die offene Kante mit einem Zickzackstich versäubern.

18. Die drei Aufhänger längs falten, um die Querstange des Kleiderbügels legen und auf der Rückseite an der oberen Kante des Utensilos wie folgt feststecken: einen Aufhänger in der Mitte und mit je 7,5 cm Abstand zu beiden Seiten die weiteren Aufhänger. Auf der Rückseite ragen die kurzen Kanten 1,5 cm in das Utensilo hinein, die verstürzte kurze Kante sollte immer obenauf liegen, sodass sie die andere verdeckt. Nun von rechts die Aufhänger mit zwei parallelen Nähten – jeweils knappkantig am Schrägband entlang – annähen.

SCHLAFZIMMER

HIER WILLST DU ZUR RUHE KOMMEN, DICH ENTSPANNEN UND RELAXEN – MIT SCHÖNEN WOHNTEXTILIEN SCHAFFST DU EINE WOHLFÜHLATMOSPHÄRE FÜR ERHOLSAME STUNDEN.

| OPHELIA |

SAMT-VORHANG

WUNDERSCHÖN, EXTREM EFFEKTVOLL, ABER EIN WENIG KNIFFLIG ZU VERARBEITEN: SAMT HAT DEN WOW-FAKTOR. DER DEKO-SCHAL SETZT IHN ALS SYMBIOSE VON ZWEI STOFFEN UND EINEM SAMTBAND EIN.

Größe: 146 cm breit, 266 cm hoch
Schwierigkeitsgrad: ✂ ✂ ✂

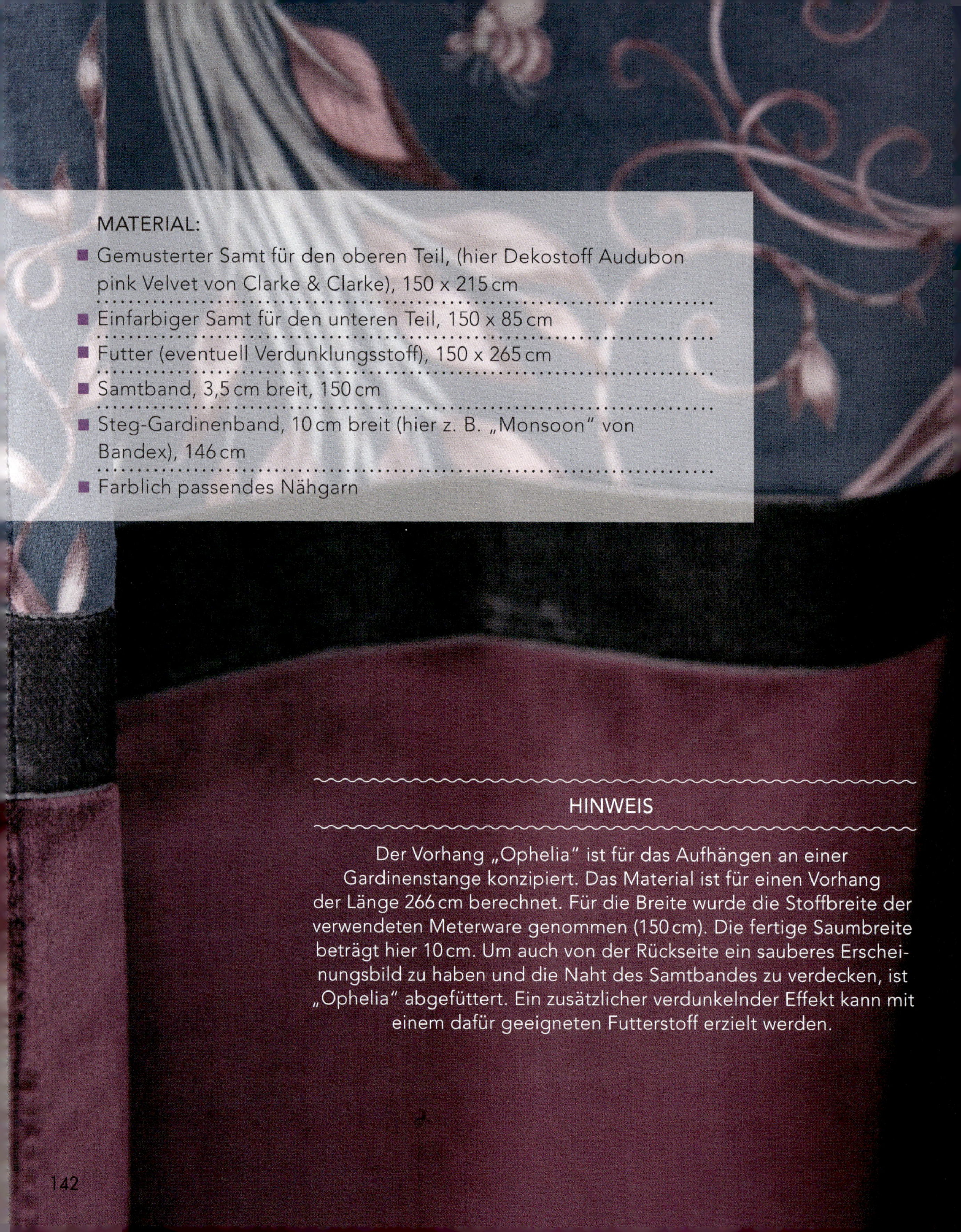

MATERIAL:

- Gemusterter Samt für den oberen Teil, (hier Dekostoff Audubon pink Velvet von Clarke & Clarke), 150 x 215 cm
- Einfarbiger Samt für den unteren Teil, 150 x 85 cm
- Futter (eventuell Verdunklungsstoff), 150 x 265 cm
- Samtband, 3,5 cm breit, 150 cm
- Steg-Gardinenband, 10 cm breit (hier z. B. „Monsoon" von Bandex), 146 cm
- Farblich passendes Nähgarn

HINWEIS

Der Vorhang „Ophelia" ist für das Aufhängen an einer Gardinenstange konzipiert. Das Material ist für einen Vorhang der Länge 266 cm berechnet. Für die Breite wurde die Stoffbreite der verwendeten Meterware genommen (150 cm). Die fertige Saumbreite beträgt hier 10 cm. Um auch von der Rückseite ein sauberes Erscheinungsbild zu haben und die Naht des Samtbandes zu verdecken, ist „Ophelia" abgefüttert. Ein zusätzlicher verdunkelnder Effekt kann mit einem dafür geeigneten Futterstoff erzielt werden.

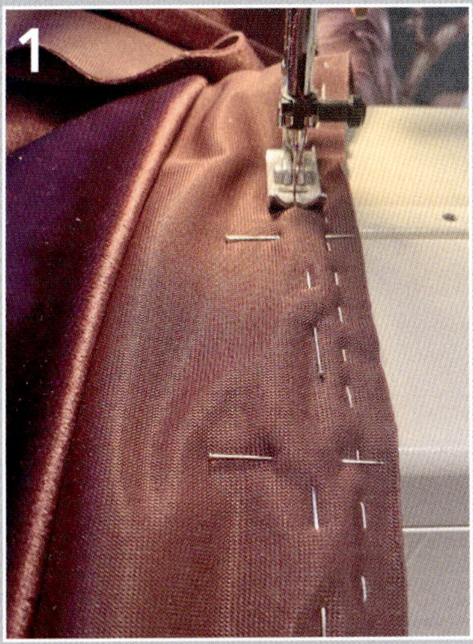

ZUSCHNEIDEN:

Alle Teile nach den angegebenen Maßen zuschneiden. Die Maße beinhalten Naht- und Saumzugaben.

Gemusterter Samt
1x oberes Vorhangteil, 150 x 209 cm (beinhaltet 2 cm Nahtzugabe für die Ansatzkante an unteres Vorderteil, 1 cm Nahtzugabe an oberer Kante)

Einfarbiger Samt
1x unteres Vorhangteil, 150 x 82 cm (beinhaltet 2 cm Nahtzugabe für die Ansatzkante an oberes Vorderteil, 20 cm Saumzugabe)

Futter
1x Vorhang-Rückseite, 150 x 259 cm (beinhaltet 2 cm Saumzugabe, 1 cm Nahtzugabe an oberer Kante). Hinweis: Die fertige Länge des Futters ist 10 cm kürzer als der Vorhang.

UND SO WIRD'S GEMACHT:

1. Oberes und unteres Vorhangteil rechts auf rechts stecken (Nadel längs und quer stecken). Da sich Samtstoffe aufgrund des Flors gerne gegeneinander verschieben, die Lagen zuerst 1,5 cm ab Kante heften, anschließend mit 2 cm Nahtzugabe zusammennähen.

2. Die Naht auseinanderbügeln. Damit es dabei auf der Vorderseite keine unschönen Kantenabdrücke gibt, entweder eine spezielle Bügelunterlage für Samt oder ein Stück Samt, das nicht mehr benötigt wird, unterlegen (Flor auf Flor!).

3. Bei stark fransendem Stoff die Nahtzugaben nach dem Bügeln mit einem mittleren Zickzackstich oder der Overlock-Maschine versäubern. Danach nicht mehr bügeln, sonst drückt sich die Nahtzugabe durch.

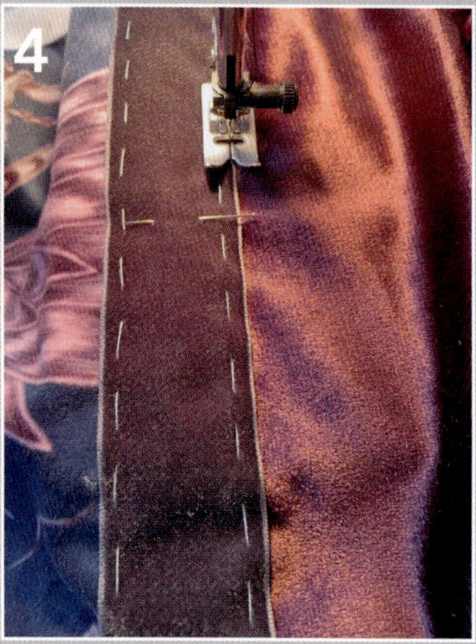
4

5

6

7

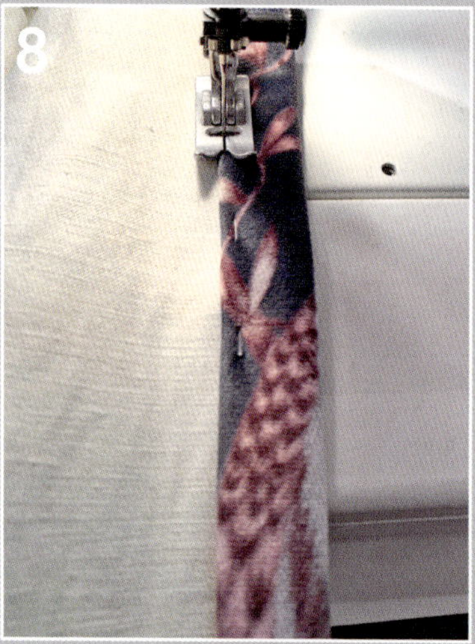
8

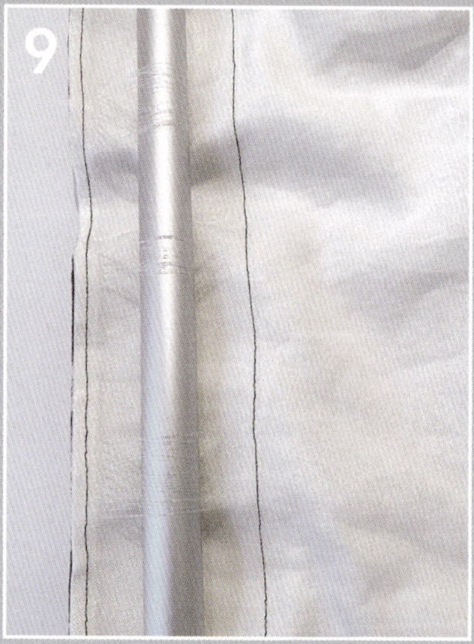
9

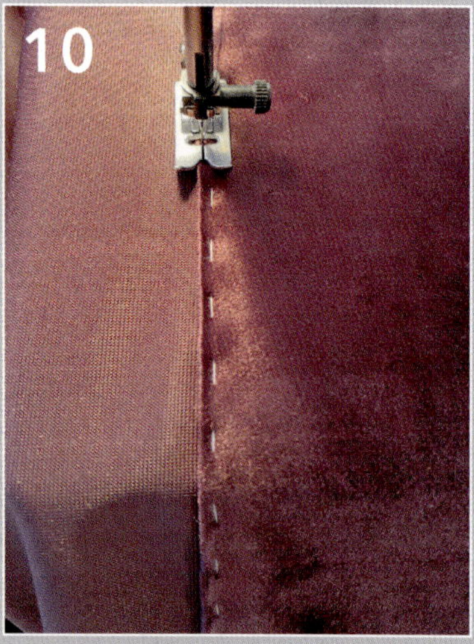
10

1

4. Nun den Vorhang flach auf einen Tisch legen und das Samtband von rechts mittig über der Naht aufstecken. Da auch hier die Lagen sehr leicht verrutschen können, das Band zusätzlich auf den Vorhang heften (eine dünne Nähnadel verwenden).
Beide langen Kanten des Bandes knappkantig auf den Vorhang nähen. Anschließend wieder mit dem Samtrest oder der Bügelunterlage vorsichtig bügeln.

5. Den Saum des Futters 1 cm auf die linke Seite ein- und nochmals 1 cm umschlagen, feststecken und dann knappkantig steppen.

6. Nun das Futter an der oberen Kante rechts auf rechts auf den Vorhang stecken und die Lagen mit einer Nahtzugabe von 1 cm zusammennähen. Den Vorhang wenden, sodass die rechten Stoffseiten außen liegen, und die obere Kante bügeln. Darauf achten, dass das Futter von rechts nicht sichtbar ist.

7. An den seitlichen Kanten des Vorhangs jeweils die Kanten von Futter und Samt aufeinanderlegen, zusammengefasst 2 cm nach innen ein- und weitere 2 cm umschlagen und feststecken. Das Gardinenband – mit den Fadenschlaufen für das Einschieben der Vorhangstange nach oben zeigend – an die obere Kante des Futters stecken, die kurzen Kanten des Gardinenbandes unter den umgesteckten Saum schieben.
Wenn die Position des Gardinenbandes fixiert ist, den seitlichen Umschlag wieder ein Stück lösen und das Gardinenband knappkantig annähen. Darauf achten, dass der Unterfaden farblich zum Samt passt.

8. Jetzt den seitlichen Umschlag wieder bis oben hin feststecken und bis zur unteren Vorhangkante knappkantig steppen.

9. Zur Überprüfung der Länge nun für den Vorhangsaum die untere Kante 10 cm nach links ein- und weitere 10 cm umschlagen und quer zur Kante feststecken. Die Vorhangstange durch die vorgesehenen Fadenschlaufen des Gardinenbandes ziehen und den Vorhang aufhängen. Jetzt kann die Saumbreite je nach gewünschter Länge korrigiert werden.

10. Ist die Länge exakt, den Vorhang abnehmen und den Saum nähen. Da sich die Naht beim Nähen nicht verziehen darf, auch diese Kante vor dem Nähen von Hand heften und dann knappkantig steppen.

11. Falls gewünscht, jeweils die seitlichen Kanten des Saumes mit dem Matratzenstich von Hand zunähen. Den Vorhang und alle Kanten vorsichtig mit aufgelegtem Samtrest bügeln.

| EMMA |

LESE-KNOCHEN

NACKENKISSEN, BUCHSTÜTZE ODER TABLET-HALTER – DAS 3-D-KISSEN IST EIN MUST-HAVE FÜR ALLE, DIE ES SICH GERN MIT LEKTÜRE GEMÜTLICH MACHEN.

Größe: 38 cm breit, 24 cm hoch, 24 cm tief
Schwierigkeitsgrad: ✂

MATERIAL:

- Leinen, bedruckt (hier von P/Kaufmann), 55 x 35 cm
- Baumwoll-Leinen-Stoff, gestreift, 55 x 35 cm
- Baumwoll-Leinen-Stoff, uni, 55 x 35 cm
- Füllwatte (Kapok, aus einem alten Kissen o. Ä.)
- Holzstab als Hilfe zum Befüllen
- Farblich passendes Nähgarn

SCHNITTTEIL: Bogen B | EMMA

ZUSCHNEIDEN:

Das Schnittteil enthält 1 cm Nahtzugabe.

Wichtig: Die Baumwollstoffe vorwaschen oder zumindest mit Dampf abbügeln, um unterschiedliches Einlaufen nach dem Vernähen zu vermeiden.

Leinen, bedruckt
Baumwoll-Leinen-Stoff, gestreift
Baumwoll-Leinen-Stoff, uni
je 1x das Schnittteil im Stoffbruch

UND SO WIRD'S GEMACHT:

1. Die Ansatzmarkierungen jeweils mit einem 0,5 cm tiefen Einschnitt auf die Stoffteile übertragen.

2. Zwei Stoffteile rechts auf rechts zusammenstecken und von einer Ansatzmarkierung bis zur nächsten Ansatzmarkierung mit 1 cm Nahtzugabe nähen. Den Anfang und das Ende der Naht verriegeln.

3

4

5

6

3. Das dritte Teil gleichermaßen an eines der eben zusammengenähten Teile nähen. Darauf achten, dass die Nadel genau am Ende der vorherigen Naht einsticht.

4. Die letzte Kante nach dem gleichen Prinzip schließen, aber in der Mitte der Strecke ca. 7 cm zum Wenden offen lassen. Damit sich die Rundungen später schön legen, die Nahtzugaben an den Außenrundungen auf 0,5 cm zurückschneiden, kleine Dreiecke bis kurz vor die Naht ausschneiden und an den Innenrundungen bis kurz vor die Naht einschneiden. Auch dort, wo alle Nähte begonnen haben, einschneiden.

5. Alle Teile durch die Öffnung ziehen und den Leseknochen wenden. Nun die sechs Rundungen von Hand in Form bringen.

6. Den Leseknochen durch die Öffnung mit dem Füllmaterial ausstopfen, bis er schön prall und gleichmäßig gefüllt ist. Ein Holzstab kann helfen, bis in die Rundungen zu gelangen.

7. Die Kanten der Öffnung bei eingeschlagener Nahtzugabe zusammenstecken und mit dem Matratzenstich von Hand zunähen. Da später viel Zug auf dieser Naht liegt, die einzelnen Stiche mit wenig Abstand zueinander nähen.

| RUBY |

TAGES-DECKE

SCHLICHT UND SUPEREDEL WIRKEN DIE IN WELLEN ABGESTEPPTEN BIESEN DIESES STYLISCHEN BETTÜBERWURFS. IM SCHICKEN, LUFTIGEN HOTEL-LOOK BEDECKT ER NUR DAS FUSSENDE.

Größe: 200 cm breit, 120 cm hoch
Schwierigkeitsgrad: ✂ ✂ ✂

MATERIAL:

- Canvas, (hier eine Baumwoll/Polyester-Mischung), 205 x 180 cm
- Futter (bei „Ruby" derselbe Stoff wie vorne), 205 cm x 125 cm
- Großes Lineal (idealerweise mit rechtem Winkel)
- Schneiderkreide plus Anspitzer
- Farblich passendes Nähgarn

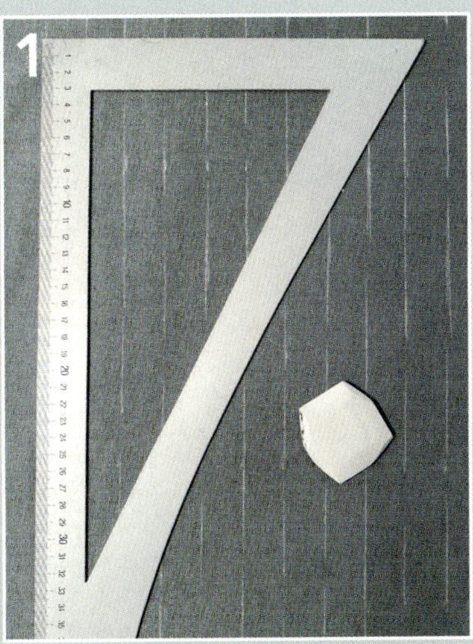

ZUSCHNEIDEN:

Canvas
1x Vorderteil, 202 cm x 176 cm
(Die Breite von 202 cm wird benötigt für: 160 cm Bettbreite + 2x 20 cm Überhang an den Seiten + an jeder Seite 1 cm Nahtzugabe für das Verstürzen mit dem Rückteil.
Die Länge von 176 cm wird benötigt für: 100 cm halbe Bettlänge + 20 cm Überhang am unteren Ende + jeweils 1 cm Nahtzugabe oben und unten für das Verstürzen mit dem Rückteil + 54 cm Mehrlänge für insgesamt 36 Biesen.)

Futter
1x Rückteil, 202 cm x 122 cm (hier fällt die Mehrlänge für die Biesen weg)

UND SO WIRD'S GEMACHT:

1. Die Biesen des ersten Bereichs mit einem großen Lineal mit gespitzter Schneiderkreide exakt einzeichnen. Die erste Biese beginnt 15 cm von der oberen Saumkante entfernt. Es wird immer nur der Biesenbruch eingezeichnet. Parallel zu dieser ersten Linie nun weitere 11 Linien im Abstand von 2,5 cm einzeichnen.

2. Mit der linken Biese beginnend, am eingezeichneten Biesenbruch die Biese falten und mit Nadeln stecken.

3. Dann die erste Biese füßchenbreit, also 0,7 cm vom Bruch entfernt, möglichst gleichmäßig nähen. Nacheinander alle Biesen des ersten Bereichs stecken und dann nähen.

4

5

6

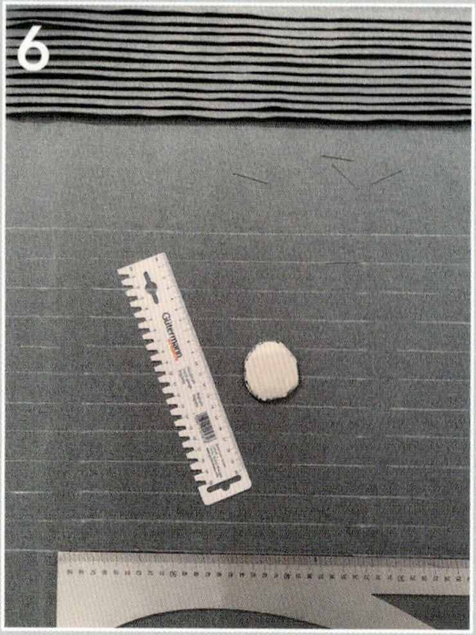

7

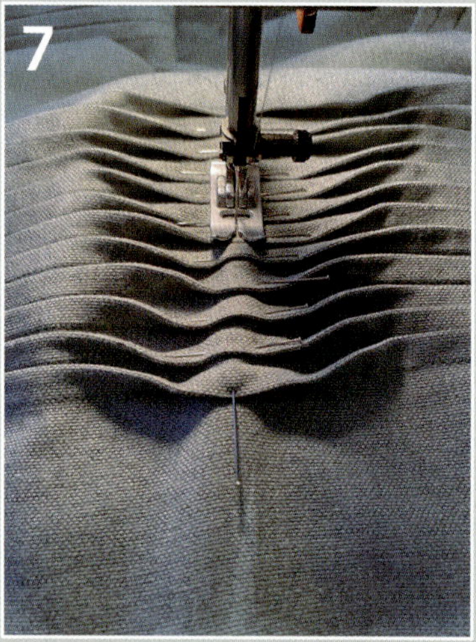

8

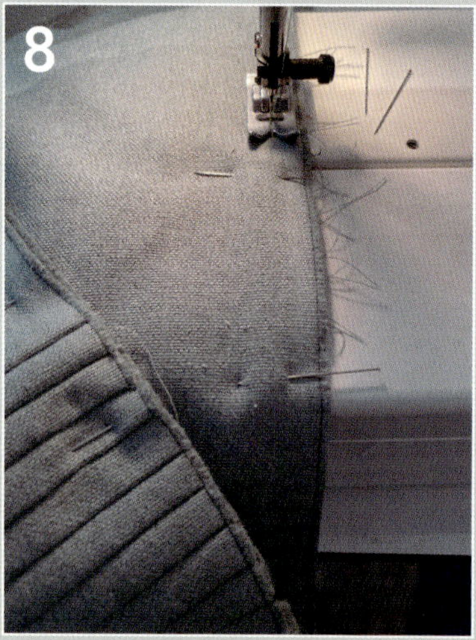

9

10

11

4. Anschließend sorgfältig jede einzelne Biese glatt bügeln.

5. Nun alle Biesen in Richtung der unteren Saumkante bügeln. Darauf achten, dass eine gleichmäßige Optik entsteht.

6. Nun den nächsten Biesenbereich vorbereiten, den Abstand von 14 cm zwischen der letzten und der nächsten Biesenreihe einzeichnen, alle nachfolgenden Biesenbrüche wieder mit einem Abstand von 2,5 cm markieren und genauso nähen und bügeln wie bei dem ersten Biesenbereich. Mit dem dritten Bereich genauso vorgehen wie bei den ersten beiden.

7. Nachdem alle Biesen genäht und gebügelt sind, für den Welleneffekt die Nählinien im Abstand von 20 cm zueinander einzeichnen. Die Biesen an der Stelle auf die andere Seite klappen, feststecken und nach und nach alle im rechten Winkel zu den Biesen festnähen. Die Biesen des mittleren Biesenbereiches 10 cm seitlich versetzt festnähen, sodass nicht alle Wellen direkt untereinanderliegen.

8. Die Rückseite rechts auf rechts auf die Vorderseite stecken und die Lagen mit 1 cm Nahtzugabe rundherum aufeinandernähen. An einer Kante 25 cm zum Wenden offen lassen. Alle Ecken schräg, bis kurz vor die Naht, beischneiden. Soweit es geht, die Nahtzugaben auseinanderbügeln.

9. Die Tagesdecke durch die Öffnung wenden, die Kanten bügeln und diese mit Nadeln fixieren.

10. Im Abstand von 2 cm zur Kante rundherum absteppen.

11. Die Wendeöffnung mit dem Matratzenstich von Hand zunähen.

HINWEIS

Die Tagesdecke „Ruby" wurde für eine Bettbreite von 160 cm und eine Bettlänge von 200 cm konzipiert. Sie liegt auf der unteren Hälfte des Bettes und ragt an den Seiten und unten 20 cm über den Rand hinaus. Für eine individuell angepasste Größe das eigene Bett ausmessen und danach die Maße für die Tagesdecke festlegen.
Zur Orientierung dabei die Erläuterungen im Abschnitt Zuschneiden beachten. Die Anzahl der Wellenbiesen kann natürlich auch individuell festgelegt werden. „Ruby" hat drei Biesenbereiche mit jeweils 12 Biesen.
Der hier verwendete Stoff hat eine Breite von 280 cm.
Somit lässt sich eine Teilungsnaht vermeiden. Bei einem Stoff von 1,40 m Breite müsste eine Naht, idealerweise parallel und direkt neben den Biesen, eingeplant werden.

| FLYNN |

TÜR-STOPPER

AUFHALTEN, FIXIEREN, ODER DIE KOLLISION MIT DER WAND VERHINDERN – AB SOFORT HAST DU DIE TÜR STILVOLL IM GRIFF. AM LEDERHENKEL LÄSST SICH DER STOPPER BEQUEM VERSETZEN.

Größe: 13 cm breit, 23 cm hoch, 13 cm tief
Schwierigkeitsgrad: ✂ ✂

MATERIAL:

- Wollfilz 1 für den Boden und zwei Seiten, 1,5 mm stark, 40 x 20 cm
- Wollfilz 2 für Vorderteil und Rückteil, 1,5 mm stark, 30 x 20 cm
- Lederrest für den Henkel, 12 x 5 cm
- Reis zum Befüllen
- Farblich passendes Nähgarn

SCHNITTTEILE: Bogen A | FLYNN

ZUSCHNEIDEN:

An allen Teilen rundum 1 cm Nahtzugabe zugeben.

Wollfilz 1
1x Boden
2x Seite

Wollfilz 2
2x Vorder-/Rückteil

UND SO WIRD'S GEMACHT:

1. Die untere Kante des Vorderteils rechts auf rechts an eine Kante des Bodens stecken. Zwischen den eingezeichneten Eckpunkten die Teile mit 1 cm Nahtzugabe aufeinandernähen (die seitlichen Nahtzugaben bleiben frei). Zur Stärkung der Ecken den Anfang und das Ende der Naht gut verriegeln und dann ein Stück mit kleinem Stich nähen. Genauso mit dem Rückteil an der gegenüberliegenden Kante verfahren.

2. Nun ein Seitenteil rechts auf rechts an die dritte Kante des Bodens stecken und von Eckpunkt zu Eckpunkt nähen. Genauso mit dem zweiten Seitenteil an der verbliebenen Kante verfahren.

3

4

5

6

TIPP

Je praller und schwerer die Füllung, desto mehr Stand hat der Türstopper.

3. Jetzt zwei nebeneinanderliegende Teile hochklappen, rechts auf rechts zwischen den Eckpunkten aufeinanderstecken und nähen. Mit den anderen Teilen genauso verfahren. In der Mitte der letzten Naht eine 7 cm lange Öffnung zum Wenden lassen. Die Naht an der Öffnung gut verriegeln.
4. Den Henkel der Länge nach links auf links falten und in die obere Öffnung des Türstoppers schieben. Dabei zeigen die vier offenen Kanten nach oben und liegen bündig zueinander. Alle vier Lagen von Eckpunkt zu Eckpunkt zusammennähen.
5. Die Nahtzugaben an den Ecken bis kurz vor die Naht schräg beischneiden, den Türstopper wenden und alle Ecken vorsichtig ausformen.
6. Den Türstopper durch die Öffnung prall mit Reis befüllen.
7. Die Öffnung zustecken und mit dem Matratzenstich von Hand schließen.

GLOSSAR

Absteppen

Knappkantig: auf der rechten Seite mit Geradstich 2-3 mm neben einer Naht, einem Nahtbruch oder an einer Kante entlang nähen.
Füßchenbreit: den Stoff so unter den Nähfuß legen, dass die Kante/Naht mit der rechten Kante des Nähfußes abschließt. So wird eine Naht – je nach Füßchenbreite – im Abstand von 0,7 cm bis 1 cm zur Kante/Naht genäht.

Biese

Eine schmal abgesteppte Falte, deren Faltenbruch (Biesenbruch) auf der rechten Stoffseite liegt.

Briefecke

Die Briefecke ist eine sehr beliebte Technik, um eine Saumecke sowohl von der linken als auch von der rechten Seite sauber zu verarbeiten. Die Schnittkante wird doppelt nach innen gefaltet und diagonal zur Ecke hin abgenäht.

Bügeleinlage

Wird auf die linke Seite eines Stoffes gebügelt, um diesem mehr Volumen, Stabilität und Fixierung zu geben. Dabei die Einlage Stück für Stück, ohne Dampf und mit etwas Druck 5–10 Sekunden aufbügeln und danach gut auskühlen lassen. Bei dickeren Einlagen ist zu empfehlen, diese ohne Nahtzugabe zuzuschneiden, da die Nähte sonst zu dick werden und schwer weiterzuverarbeiten sind.

Doubleface

Ist ein Doppelgewebe, bei dem verschiedenfarbige oder -gemusterte Stofflagen miteinander verwoben werden. Es kann von beiden Seiten verwendet werden, da die rechte und die linke Stoffseite optisch gleichermaßen ansprechend sind.

Einschnitte

Bei Ecken und Rundungen werden nach dem Nähen die Nahtzugaben im ersten Fall schräg abgeschnitten, im zweiten Fall in die Nahtzugabe kleine Einschnitte gemacht bzw. kleine Dreiecke ausgeschnitten, sodass die Nahtzugabe nach dem Wenden flach liegt und Ecken sowie Rundungen schön in Form gebracht werden können.

Fadenlauf

Beschreibt die Richtung der Längsfäden in einem Gewebe, er verläuft immer parallel zur Webkante. Die meisten Schnittteile werden „im Fadenlauf" zugeschnitten, also parallel zum eingezeichneten Fadenlauf. Stoff ist in diese Richtung nur wenig oder gar nicht dehnbar. In Ausnahmefällen wird angegeben, dass der Zuschnitt schräg zum Fadenlauf erfolgen soll, dann erhält das Schnittteil eine höhere Elastizität.

Geradstich

Der Geradstich (oder Steppstich) wird zum Zusammennähen von Stoffteilen verwendet. Bei leichten und dünnen Stoffen eine kürzere Stichlänge wählen, während bei dicken oder beschichteten Stoffen eher ein längerer Stich geeignet ist.

Matratzenstich

Der Matratzenstich (auch Zaubernaht oder Leiterstich) wird per Hand genäht. Man verwendet den Stich z. B. zum Schließen von Wendeöffnungen. Dafür die Nahtzugaben der Öffnung zuerst nach innen umbügeln und mit wenigen Nadeln zustecken. Den eingefädelten Faden verknoten und am Ende der verriegelten Naht von unten nach oben ausstechen. Nun auf der gegenüberliegenden Seite auf gleicher Höhe einstechen, die Nadel 2–3 mm im Stoffbruch entlangführen und dann wieder nach außen stechen. Wieder im rechten Winkel zur anderen Seite führen, einstechen, 2–3 mm im Stoffbruch weiter ausstechen usw. Nach ca. 2 cm den Faden vorsichtig anziehen und die Öffnung somit schließen. Bis zum Ende der Öffnung so weiternähen, dann den Faden vernähen. Fertig ist die unsichtbare Schließnaht.

Nahtzugabe

Bezeichnet den Abstand zwischen Schnittkante und Nahtlinie. Oft sind Nahtzugaben von 1 cm bereits im Schnitt enthalten, oder es wird angegeben, dass die gewünschte Nahtzugabe beim Zuschnitt noch zugefügt werden soll.

Rechte Stoffseite/linke Stoffseite

Die obenliegende Stoffseite ist die schönere Seite und wird als rechte Stoffseite bezeichnet. Auf dieser Seite ist das Muster deutlicher zu sehen und die Farben sind intensiver. Die untenliegende Stoffseite wird als linke Stoffseite bezeichnet. Sie ist die weniger schöne Stoffseite. Auf dieser Seite werden Markierungen mit Schneiderkreide o. Ä. aufgezeichnet.

Rechts auf rechts

Dies bedeutet, dass zwei Schnittteile mit ihren rechten Seiten aufeinandergelegt werden. Die weniger schönen, später am Modell innen liegenden Seiten zeigen nun nach außen.

Samt verarbeiten

Da Samt stark ausfranst, sollten alle Kanten vor dem Nähen mit einem Zickzackstich oder mit der Overlock-Maschine versäubert werden. Samt hat eine Strichrichtung. Beim Zuschnitt deshalb darauf achten, dass der Strich am Modell von oben nach unten verläuft und alle Schnittteile in der gleichen Strichrichtung liegen. Zum Nähen von Samt am besten eine feine Nähmaschinennadel der Stärke 70 oder 80 verwenden. Da sich die Stoffteile durch den Flor leicht gegeneinander verschieben können, viele Nadeln quer zur Nählinie in den Stoff stecken. Reicht das noch nicht aus, kann zur Fixierung ein Heftfaden links und rechts der Nählinie eingezogen werden.

Samt immer von der linken Seite ohne Dampf und Druck bügeln. Um Druckstellen zu vermeiden, entweder eine spezielle Bügelunterlage für Samt oder ein Stück Samt, das nicht mehr benötigt wird, benutzen. Die Samtunterlage dann rechts auf rechts unter den Samtstoff legen, sodass die Florhärchen ineinandergreifen und nicht flach gebügelt werden.

Stoffbruch

Der Stoffbruch ist immer eine gerade Strecke, die parallel zu Fadenlauf und Webkante liegt. Die meisten Stoffe werden nach dem Weben in Längsrichtung doppelt gelegt und auf ein/e Stoffbrett/-rolle gewickelt. Dabei entsteht an einer Seite ein Stoffbruch, an der anderen Seite befinden sich die Webkanten. Eine Stoffbruchkante kann jedoch ebenso beim Zusammenlegen oder Umschlagen kleinerer Stoffstücke gebildet werden, um Teile dann entlang dieser neuen Stoffbruchkante zuzuschneiden.

Stoffbruch, zuschneiden

Symmetrische Schnittteile liegen meist nur als halbes Schnittteil vor. Zur Vervollständigung muss das Schnittteil an seiner späteren Mittellinie gespiegelt werden. Hierzu wird der Stoff vor dem Zuschnitt doppelt gefaltet. Die gerade Kante des Schnittteils wird dann entlang der Falte – dem Stoffbruch – angelegt. Nun das Schnittteil ausschneiden (die Bruchkante natürlich auslassen!). Wird das Stoffteil nun auseinandergefaltet, ergibt sich das komplette Schnittteil, das aus den gespiegelten Hälften besteht.

Thermovlies

Ein Thermovlies ist eine wärmeisolierende Volumeneinlage, die meist nicht aufgebügelt, sondern zwischen zwei Stofflagen gelegt wird. Es liegt als polsternde und isolierende Schicht zwischen Außenstoff und Futter (z. B. Vlieseline® Thermolam).

Verriegeln

Jede Naht muss am Anfang und am Ende fixiert werden, damit sie sich unter Belastung nicht wieder auflöst. Dafür zu Beginn und am Ende der Naht auf derselben Linie drei bis vier Stiche vorwärts und rückwärts nähen.

Wachstuch nähen

Wachstuch und laminierte Stoffe bleiben beim Nähen gerne am Nähfuß haften, können somit schlecht transportiert werden und „bremsen" während des Nähens. Abhilfe schafft hier ein Antihaft-/Teflonnähfuß, oder man näht dünnes Seidenpapier mit und entfernt dies anschließend wieder.

Zickzackstich

Dieser Stich verläuft zickzackförmig. Er eignet sich besonders gut zum Versäubern von Schnittkanten oder – da eine Zickzacknaht etwas dehnbar ist – zum Zusammennähen von elastischen Stoffen, wie z. B. Jersey.

DANK

Zunächst richtet sich mein Dank an den CV-Verlag und insbesondere an Helgrid van Impelen, die mir dieses Buch anvertraut hat. Dass meine Modelle in diesem wunderschönen Rahmen gezeigt werden können, habe ich der Lektorin Gabriela Reuß und der Grafikerin Ina Mielkau zu verdanken.

Stoffe, aus denen Träume werden sollen, sind nicht leicht zu finden. Ich hingegen hatte durch das Tuchwerk Mühldorf Zugang zu einer Vielzahl an schönen Stoffen und Zutaten. Vielen Dank für diese großzügige Unterstützung! Ein besonderes Dankeschön geht an Ingrid Weber, die mich im Tuchwerk so freundlich empfangen hat und sich viel Zeit für Beratung und Auswahl genommen hat.

Für die professionelle Visualisierung meiner Modelle bedanke ich mich herzlich bei den Fotografinnen Elisabeth Berkau und Ulla Laser. Die Shootings und die daraus entstandenen stilvollen Fotos verliehen meiner kreativen Arbeit einen gelungenen Abschluss.

Und selbstverständlich geht mein Dank auch an meine Liebsten zuhause, die mir die Zeit für dieses Projekt gegeben haben und mich wieder aufgemuntert haben, wenn mir die Puste ausging oder der Schnitt mal nicht passen wollte.

In diesem Dankeswort steckt auch ein Wunsch: Ich hoffe, euch für meine Kreationen und Ideen begeistern zu können. Viel Spaß beim Nachnähen des ein oder anderen Modells und viel Freude beim Verschönern eures Zuhauses!

Impressum

Idee, Entwurf, Anleitung: Andrea Klein
Fotografie & Styling: Elisabeth Berkau, Seite 8, 20, 26, 40, 52, 64, Ulla Laser alle weiteren Modelle
Anleitungsbilder: Andrea Klein
Verantwortlich: Helgrid van Impelen
Produktmanagement & Lektorat: A. Reuß
Korrektorat: Mareike Weber
Bogen: A. Reuß
Cover: Ina Zimmermann
Umschlag: Regina Degenkolbe
Layout und Satz: Ina Mielkau
Repro: LUDWIG:media
Herstellung: Julia Hegele
Printed in Poland by CGS Printing

★★★★★

Sind Sie mit diesem Titel zufrieden? Dann würden wir uns über Ihre Weiterempfehlung freuen. Erzählen Sie es im Freundeskreis, berichten Sie Ihrem Buchhändler oder bewerten Sie beim Onlinekauf. Und wenn Sie Kritik, Korrekturen oder Aktualisierungen haben, freuen wir uns über Ihre Nachricht an Christophorus Verlag, Postfach 40 02 09, D-80702 München oder per E-Mail an lektorat@verlagshaus.de.

Unser komplettes Programm finden Sie unter

www.christophorus-verlag.de

In diesem Buch wird aus Gründen der besseren Lesbarkeit das generische Maskulinum verwendet. Weibliche und anderweitige Geschlechteridentitäten werden dabei ausdrücklich mitgemeint, soweit es für die Aussage erforderlich ist.

Bezugsquellen
Dekostoffe/Stoffe von Clarke & Clarke sind im Fachhandel zu finden.
Freudenberg Performance Materials Apparel SE & Co. KG, www.vlieseline.com

Die Deutsche Nationalbibliothek verzeichnet diese Publikation in der Deutschen Nationalbibliografie; detaillierte bibliografische Daten sind im Internet über http://dnb.d-nb.de abrufbar.

ISBN 978-3-8410-6740-1

Kreativ-Service

Sie haben Fragen zu unseren Büchern und Materialien? Wir beraten Sie gern rund um alle Kreativthemen. Rufen Sie uns einfach an. Wir interessieren uns auch für Ihre eigenen Ideen und Anregungen.
Sie erreichen uns per E-Mail kreativ-service@c-verlag.de oder unter der Telefonnummer 0049-89-1306 99 577.

Besuchen Sie uns im Internet: www.christophorus-verlag.de & www.selbstgemacht.de